By the Same Author

Etre Soi-même. Genève: Poésie Vivante, 1967.

Rule of Life. Geneva: Poésie Vivante, 1969.

Lightning. New York: Vantage Press, 1970.

Reflections/Réflexions. Bloomington, IN: AuthorHouse, 2004. (Various texts in English, French, and Arabic)

A Speech to the Arab Nation. The East/the West/the Arabs: Yesterday, Today and Tomorrow, and Related Writings. New Edition Enlarged, CreateSpace Independent Publishing Platform, Charleston, SC, 2016. (Text only in Arabic)

To Be Oneself: The Tragicomedy of an Unfinished Life History. Bloomington, IN: AuthorHouse, 2008.

Words Of Wisdom: A Collection of Verse, Philosophical Introspections, Maxims and Aphorisms. New Edition Expanded, CreateSpace Independent Publishing Platform, Charleston, SC, 2016.

Language teaching materials

Arabic Language Course, Part One/Cours de langue arabe, 1ère partie. 2nd ed. Genève: Poésie Vivante, 1979.

Arabic Language Course, Part Two/Cours de langue arabe, 2ème partie. Geneva: The Author, 1979.

Arabic Grammar/Grammaire arabe. Genève: The Author, 1979.

Arabic Elementary Course, vol. 1/Cours élémentaire de langue arabe, vol. 1. Genève: The Author/Poésie Vivante, 1982.

Arabic Elementary Course, Volume II (Annexes)/Cours élémentaire de langue arabe, volume II (annexes). Genève: The Author/Poésie Vivante, 1983.

Handwriting Exercise Book/Cahier d'écriture. Genève: The Author, 1984.

Dialogues Textbook I: Words of Everyday Use/Manuel de dialogues I: vocabulaire courant. Genève: Institut d'enseignement de la langue arabe/Poésie Vivante, 1984.

Dialogues Textbook II: United Nations, Questions and Answers/Manuel de dialogues II: Les Nations Unies, questions et réponses. Genève: Institut d'enseignement de la langue arabe/Poésie Vivante, 1984.

Dialogues Textbook III: Words of Everyday Use/Manuel de dialogues III: vocabulaire courant. Genève: The Author/Poésie Vivante, 1985. (Suite au Manuel I)

Nacereddine's Multilingual Dictionary: 2500 Arabic words of current usage with translation in 7 languages - English, Français, Español, Deutsch, Russkij, Chinese, Japanese. Geneva: The Author, 1991.

Alphabet illustré. Genève: The Author, 1996.

Arabic Pictorial/L'Illustré arabe. Geneva: The Author, 1996.

Chinese Pictorial/L'Illustré chinois. Geneva: The Author, 1997.

Russian Pictorial/L'Illustré russe. Geneva: The Author, 1997.

Interactive Arabic/Arabe interactif. Geneva: The Author, 2004. CD-ROM.

The Multilingual Pictorial Dictionary: Arabic, Chinese, English, Français, Español, Deutsch, Russkij, Japanese. Geneva: The Author, 2011. CD-ROM.

Fundamental Arabic Textbook/Manuel d'Arabe fondamental. Rev. ed. Bloomington, IN: AuthorHouse, 2008.

A New Approach to Teaching Arabic Grammar. Bloomington, IN:AuthorHouse, 2009.

Nouvelle approche de l'enseignement de la grammaire arabe. Bloomington, IN: AuthorHouse, 2009.

The Illustrated Multilingual Dictionary: English, Français, Español, Deutsch, Russkij, Chinese, Japanese (Text, Image & Sound). Geneva: The Author, 2011. CD-ROM.

Manuel d'écriture et de prononciation arabes. Bloomington, IN: AuthorHouse, 2011.

Handbook of Arabic Writing and Pronunciation. Bloomington, IN: AuthorHouse, 2011.

Publications used in the United Nations, Geneva, Arabic Language Courses - not UN official publications

Grammatical Applications: Idioms and Locutions of Everyday Use/Applications grammaticales: idiomes et locutions d'usage courant. Geneva: 1980.

Arabic Language Course: Practical Exercises/Cours de langue arabe: exercices pratiques. Geneva: 1981.

Livre de conversation, première partie. Genève: 1981.

A Dictionary of International Relations (news-economics-politics)/Dictionnaire des relations internationales (actualités-économie-politique). Geneva: 1986.

A Basic Dictionary: Everyday Vocabulary/Dictionnaire de base: vocabulaire courant. Geneva: 1987. 2 v.

A New Approach to Arabic Grammar. Geneva: 1988.

Nouvelle approche de la grammaire arabe. Genève: 1988.

Handwriting and Pronunciation Handbook/Manuel d'écriture et de prononciation. Genève: 1991.

For further information, please visit
www.a-nacereddine.com

Abdallah Nacereddine

Arabic Exercise Book
for testing vocabulary
and grammar skills,
with corrections

*

كتاب التمارين
لاختبار المهارات اللغوية والنحوية

عبد الله ناصر الدين

ISBN-13: 9781516960224
ISBN-10: 151696022X

First published by CreateSpace

Printed in the USA
Charleston, SC
November 2016

Table of Contents

المحتويات

Part One - الجزء الأول
Vocabulary and Grammar – مفردات وقواعد

<h1 style="text-align:center">Part Two - الجزء الثاني
Vocabulary and Grammar – مفردات وقواعد</h1>

Introduction

The Multiple-Choice exercises for testing vocabulary and grammar skills published in this book are not new. They go back to the 1980s and 90s. They were conceived to accompany (a) the Fundamental Arabic Textbook, first published in 1982, and (b) partly, the Dialogues Textbook I: Words of Everyday Use, published in 1984.

I used them extensively with hundreds of students for nearly two decades, for homework as well as for exams, throughout my teaching years at the United Nations in Geneva (1976-1999). I obtained immediate and direct feedback and results.

At present, I put them, free of charge, among other different exercises and various applications, on my website for use by the thousands of Arabic learners - among other users of various pages on different subjects - from 175 countries, who have consulted my site up to now (November 2016). It is impressive to realize that so many people from all over the world are interested in studying the Arabic language.

Thanks to their success and widespread use, I have been encouraged to publish them in a book to make them available for everyone, independently of Internet access.

What is the origin of multiple-choice tests?

"Although E. L. Thorndike developed an early multiple choice test, Frederick J. Kelly was the first to use such items as part of a large scale assessment. While Director of the Training School at Kansas State Normal School (now Emporia State University) in 1915, he developed and administered the Kansas Silent Reading Test. Multiple choice testing is particularly popular in the United States."[1]

I admit that his multiple-choice method of testing is excellent for both the tester to obtain a fast evaluation, and for the tested to spare him time and energy by doing tests without exerting much effort. It is also used for all sorts of assessment. However, for serious evaluation - because of the risk of it being taken perhaps as a mere guessing game - this method is not reliable, though it is widely used.

I sure appreciate it and do use it myself, but not exclusively, as in the case of this book. The learner is strongly advised not to simply check the appropriate word for filling the blank, but to rewrite the whole sentence and vowel it wholly. This is to make sure that the student knows and is mindful of what he/she is doing, as it would take only one single vowel to change the meaning of a word or a sentence, to make it mean something else or render it meaningless. Afterwards, the learner refers to the corrections. An example is provided in the section How to Use the Exercises. In this manner, the learner can study and do the exercises at will, independently, without the help of a teacher.

Why is voweling so important? If you ask a person to read aloud a text in English, you cannot tell whether the person understands the text or not. Whereas in Arabic, if a person reads the text right, and pronounces the ending of each word, this means he does understand the text, and knows grammar well. Otherwise, he cannot read the text correctly. You do not have to ask him, as he has to assign the right vowel to each consonant of the non-voweled words, according to the context. Thus, you can test his/her vocabulary and grammar skills. A non-voweled word written the same way could have different meanings with different vowels. Take, for example the word QDR (as is written in Arabic with only consonants, i.e., without vowels). Les us investigate its different meanings with different vowels:

1. QaDaRa: to decide, to possess strength;
2. QaD(D)aRa (with a double D, but written only with one D): to determine, to estimate;
3. QaDR: extent, quantity;
4. QaDaR: fate, destiny;
5. QiDR: cooking pot, kettle.

When students do not do well in the test, they feel frustrated and complain about a subject they find difficult and complicated. I purposefully make them revise another subject we studied in the past. In the process of revising it, they say, "That is very easy and simple." I remind them that in the past they found it difficult and complicated. Therefore what they consider difficult and complicated in the present they will find easy and simple in the future. They agree and apply this finding to the study of other languages as well as to any action they undertake.

Some students take the tests to heart. They get upset when they make mistakes and encounter difficulties in doing the tests, no matter how much I reassure them that it is quite all right to make mistakes, as one learns from trial and error. They do not find my reassurance convincing. Yet, they may feel relieved for not being depreciated by the teacher. When I give back the corrected test, many a student says, regretfully,

"I certainly must have made many mistakes, haven't I?" To counter the statement, I reply positively, "You may have made a few insignificant mistakes, but that is not important, in any case. In fact, I focused on what you did right, not on what you did wrong."

If the tests are corrected collectively, they realize that it is not so tragic after all to make mistakes. They notice that, unlike them, their colleagues react indifferently to their own mistakes, and that everyone makes mistakes, not only they. When they do not do the tests well, they may blame themselves for not being intelligent enough to understand, or blame the teacher for not explaining the lessons clearly, even when they notice that the rest of the class understand almost everything. It is obvious that the students - and people in general from the same or different cultures - read, hear and see exactly the same thing, but perceive and process it in different ways.

It is important that the students do not take the tests lightly as if they were a guessing game, or very seriously as a test of intelligence, or a psychological test as in the Rorschach test. The multiple-choice test and the Rorschach test, although they are quite different from each other, still have one thing in common: their use for testing purposes without written text.

What is the Rorschach test? "The Rorschach test is a psychological test in which subjects' perceptions of inkblots are recorded and then analyzed using psychological interpretation, complex algorithms, or both. Some psychologists use this test to examine a person's personality characteristics and emotional functioning. It has been employed to detect underlying thought disorder, especially in cases where patients are reluctant to describe their thinking processes openly. The test is named after its creator, Swiss psychologist Herman Rorschach."2

Even though I did not take into consideration the multiple-choice test method, I still used it throughout my teaching years, as I have already mentioned. When I gave marks, I based my evaluation mainly on the students' everyday performance in the classroom throughout the entire semester, since I knew them quite well. I used these tests, firstly, for homework in order to give the students something to keep them busy; and, secondly, for the end of term exams, because I had to submit proof to the administration, like the teachers of the other languages.

The reason I do not rely on the multiple choice results is that, since I am not a mind reader, I cannot tell whether the tested person knows what he or she is really doing, or simply checks one word or another at random like in a game of chance or lottery.

The book consists of three parts:
a) The exercises (128 exercises);
b) The corrections (512 sentences);
c) A lexicon of the words used in the exercises (670 entries). The words are listed in alphabetical order to facilitate consultation and not by root, as is usual. For example, the verb استـقبل, to welcome, is entered under استـقبل , not under the root, قبل, to accept.

For the grammar reference, see A New Approach to Teaching Arabic Grammar. Bloomington, IN: AuthorHouse, 2009.

Although the three parts of the book are distinct and different from each other, they could be used simultaneously: first, by doing the exercise; then checking the correction, and, if necessary, by looking up in the lexicon a word or several words contained in the exercise for the meaning and/or the right pronunciation.

I would like to express my gratitude to my wife, Felicity Nacereddine, for her contribution in revising the Introduction in English, its translation into French, and for her useful hints.

Geneva, November 2016   Abdallah Nacereddine

---

1. Multiple choice - Wikipedia, the free encyclopedia. http://en.wikipedia.org/wiki/Multiple_choice [Consulted on 14 May 2015]
2. The Rorschach test - Wikipedia, the free encyclopedia. http://en.wikipedia.org/wiki/Rorschach_test [Consulted on 14 May 2015]

Part One

Vocabulary and Grammar

Multiple choice and written exercises

Exercises based on
*Fundamental Arabic Textbook
/Manuel d'Arabe fondamental.*
Rev. ed. Bloomington, IN: AuthorHouse, 2008.

(Note: I recommend doing the exercises
and studying the textbook at the same time,
although it is not really imperative.)

HOW TO USE THE EXERCISES

One word or a group of words are missing in each sentence, which are replaced by a line. Each sentence is followed by four words or four groups of words. It is advisable to

1. check the word or the group of words to complete the sentence.
2.. Rewrite the sentences after filling the blank in them, then vowelling them fully before referring to the corrections.

Example

ا) يكتب الطالب ________ .

☐ ا) الباب ☐ ج) القلم

☐ ب) المفتاح ☑ د) الدرس

يَكْتُبُ الطَّالِبُ الدَّرْسَ

Exercises based on
Fundamental Arabic Textbook
/ Manuel d'Arabe fondamental
Rev. ed. Bloomnington, IN: AuthorHouse, 2008.

Note that is recommended to do the exercises while studying at the same time the textbook.

كيفية استعمال التمارين

جمل ينقصها لفظ واحد أو مجموعة من الألفاظ وضع مكانها خط. ويلي كل جملة أربعة ألفاظ أو مجموعة من الألفاظ. والمطلوب هو

١) التأشير على اللفظ أو المجموعة من الألفاظ لإكمال معنى الجملة.

٢) إعادة كتابة الجملة بعد إكمالها وشكلها شكلا تاما قبل مراجعة حلولها.

مثلا :

يكتب الطالب ــــــ .

☐ ا) الباب	☐ ج) القلم
☐ ب) المفتاح	☑ د) الدرس

يَكْتُبُ الطَّالِبُ الدَّرْسَ.

Exercise (1) - (١) تمرين رقم

Corrections, Page 137 - حل التمرين، صفحة ١٣٧

١) أنا ______ .

☐ ا) درس ☐ ج) تلميذ/تلميذة

☐ ب) باب ☐ د) مفتاح

. . . .

٢) ______ معلمة.

☐ ا) هي ☐ ج) هذا

☐ ب) هو ☐ د) أنتَ

. . . .

٣) أنت ______ .

☐ اَ) درس ☐ ج) باب

☐ ب) ولد ☐ د) معلمة

. . . .

٤) هو ______ .

☐ ا) معلم ☐ ج) تلميذة

☐ ب) بنت ☐ د) معلمة

. . . .

Exercise (2) - تمرين رقم (٢)

Corrections, Page 138 - حل التمرين، صفحة ١٣٨

١) هو ________ .

☐ ا) ولد ☐ ج) بنت

☐ ب) درس ☐ د) معلمة

. . . .

٢) يفتح الولد ________ .

☐ ا) الدرس ☐ ج) المعلم

☐ ب) الباب ☐ د) التلميذة

. . . .

٣) أنا ______ الباب.

☐ ا) تفتحين ☐ ج) يفتح

☐ ب) أفتح ☐ د) تفتح

. . . .

٤) ______ تفتح الباب.

☐ ا) أنتِ ☐ ج) أنا

☐ ب) هو ☐ د) أنتَ

. . . .

Exercise (3) - تمرين رقم (٣)

Corrections, page 139 - حل التمرين، صفحة ١٣٩

١) ______ تلميذة.

☐ ا) أنتِ ☐ ج) هذا

☐ ب) أنتَ ☐ د) هو

....

٢) ______ مفتوح.

☐ ا) الدرس ☐ ج) المعلم

☐ ب) الباب ☐ د) التلميذ

....

٣) ______ أفتح الباب.

☐ ا) أنتِ ☐ ج) أنا

☐ ب) هوَ ☐ د) أنتَ

....

٤) أنتِ ______ الباب.

☐ ا) يفتح ☐ ج) تفتح

☐ ب) أفتح ☐ د) تفتحين

....

Exercise (4) - تمرين رقم (٤)

Corrections, Page 140 - حل التمرين، صفحة ١٤٠

١) هذا تلميذ؛ ليس ______ .

☐ ا) معلما ☐ ج) بابا

☐ ب) تلميذةٌ ☐ د) مفتاحا

. . . .

٢) ______ المعلمة الباب.

☐ ا) يفتح ☐ ج) أفتح

☐ ب) تفتح ☐ د) تفتحين

. . . .

٣) ______ ، هذا باب.

☐ ا) ل ☐ ج) ب

☐ ب) نعم ☐ د) ليس

. . . .

٤) ليس الباب ______ .

☐ ا) مفتوحُ ☐ ج) مفتوحاً

☐ ب) مفتوحً ☐ د) مفتوحٌ

. . . .

Exercise (5) - تمرين رقم (٥)

Corrections, Page 141 - حل التمرين، صفحة ١٤١

١) ______ الولد الدرس.

☐ ا) تكتب ☐ ج) يكتب

☐ ب) تفتحين ☐ د) يفتح

....

٢) أفتح الباب بـ ______ .

☐ ا) المفتاح ☐ ج) الفصل

☐ ب) القلم ☐ د) المفتوح

....

٣) يكتب المعلم ______ بالقلم.

☐ ا) الباب ☐ ج) الفصل

☐ ب) الدرس ☐ د) المفتاح

....

٤) تفتح البنت ______ .

☐ ا) باباً ☐ ج) البابَ

☐ ب) البابُ ☐ د) البابِ

....

Exercise (6) - تمرين رقم (٦)

Corrections, Page 142 - حل التمرين، صفحة ١٤٢

١) يكتب الدرس ________ .

☐ ا) التلميذَ ☐ ج) التلميذٌ

☐ ب) تلميذُ ☐ د) التلميذُ

. . . .

٢) هذا ________ الفصل.

☐ ا) بابُ ☐ ج) بابٌ

☐ ب) البابُ ☐ د) البابٌ

. . . .

٣) هي بنت ________ .

☐ ا) المعلمةُ ☐ ج) معلمةٍ

☐ ب) المعلمةَ ☐ د) المعلمةِ

. . . .

٤) التلميذ والمعلم ________ الفصل.

☐ ا) في ☐ ج) أيضا

☐ ب) ب ☐ د) لا

. . . .

Exercise (7) - تمرين رقم (٧)

Corrections, Page 143 - حل التمرين، صفحة ١٤٣

١) ______ الفصل معلم وتلميذ.

☐ ا) مع ☐ ج) ب

☐ ب) أيضا ☐ د) في

....

٢) تكتب ______ .

☐ ا) الدرس ثالثا ☐ ج) الثالث الدرس

☐ ب) الدرس الثالث ☐ د) ثالثا درسا

....

٣) يكتب درسـ ______ .

☐ ا) ـها ☐ ج) ـي

☐ ب) ـه ☐ د) ـك

....

٤) تفتحين باب فصلـ ______ .

☐ ا) ـكَ ☐ ج) ـكِ

☐ ب) ـي ☐ د) ـهَا

....

تمرين رقم (٨) - Exercise (8)

حل التمرين، صفحة ١٤٤ - Corrections, Page 144

١) تـجلس البنـت مع معلمتـ ـــــــــ .

☐ أ) ـي ☐ ج) ـه

☐ ب) ـكِ ☐ د) ـها

. . . .

٢) ـــــــــــ درسي.

☐ ا) تكتب ☐ ج) يكتب

☐ ب) أكتب ☐ د) تكتبين

. . . .

٣) ـــــــــــ باب فصلكَ.

☐ ا) أفتح ☐ ج) تفتح

☐ ب) يفتح ☐ د) تفتحين

. . . .

٤) هي معلمة، ليست ـــــــــ .

☐ ا) تلميذةُ ☐ ج) كاتبةً

☐ ب) كاتباً ☐ د) تلميذاً

. . . .

Exercise (9) - تمرين رقم (٩)

Corrections, Page 145 - حل التمرين، صفحة ١٤٥

١) ______ الولد على الكرسي.

☐ ا) تكتب ☐ ج) يفتح

☐ ب) يجلس ☐ د) يتكلم

....

٢) ليس هذا كرسيا؛ هذه ______ .

☐ ا) باب ☐ ج) قلم

☐ ب) مفتاح ☐ د) كنبة

....

٣) ليس المعلم ______ في الفصل.

☐ ا) الجديدُ ☐ ج) جديدَ

☐ ب) جديدٌ ☐ د) جديدٍ

....

٤) يجلس المعلم ______ التلاميذ.

☐ ا) في ☐ ج) أمام

☐ ب) ب ☐ د) على

....

Exercise (10) - تمرين رقم (١٠)

حل التمرين، صفحة ١٤٦ - Corrections, Page 146

١) يتكلم التلميذ ______ درسه.

☐ ا) مع ☐ ج) على

☐ ب) عن ☐ د) ب

....

٢) تتكلم المعلمة ________ التلميذة.

☐ ا) مع ☐ ج) ب

☐ ب) على ☐ د) في

....

٣) أجلس على كرسي ______ على كنبة.

☐ ا) أيضا ☐ ج) أو

☐ ب) في ☐ د) عن

....

٤) ______ في فصلنا.

☐ ا) أنا ☐ ج) أنتَ

☐ ب) نحن ☐ د) هو

....

Exercise (11) - تمرين رقم (١١)

Corrections, Page 147 - حل التمرين، صفحة ١٤٧

١) نحن ______ معلم جديد.

☐ ا) لك ☐ ج) لي

☐ ب) له ☐ د) لنا

. . . .

٢) يتكلم الولد مع ______ .

☐ ا) الصديقه ☐ ج) صديقُهُ

☐ ب) الصديَقَهُ ☐ د) صديقهِ

. . . .

٣) هذه ______ .

☐ ا) الكنبةٌ ☐ ج) كنبةٌ

☐ ب) كنبةُ ☐ د) الكنبةُ

. . . .

٤) أجلس على هذا ______ .

☐ ا) الكرسيٍّ ☐ ج) الكرسيِّ

☐ ب) الكرسيٌّ ☐ د) كرسيّ

. . . .

تمرين رقم (١٢) - Exercise (12)

حل التمرين، صفحة ١٤٨ - Corrections, page 148

١) تَكَلَّمْ ـــــــ من فَضْلِك.

☐ ا) يوم ☐ ج) ببطء

☐ ب) أمام ☐ د) أو

. . . .

٢) ـــــــ مع معلمنا.

☐ ا) تكلمتُ ☐ ج) تكلمتَ

☐ ب) تكلمتْ ☐ د) تكلمنا

. . . .

٣) هذا هو ولد المعلمة ـــــــ.

☐ ا) جديدٌ ☐ ج) الجديدةِ

☐ ب) جديدٍ ☐ د) الجديدةُ

. . . .

٤) كرسي المعلم ـــــــ أسود.

☐ ا) الجديدُ ☐ ج) جديدٍ

☐ ب) جديدٌ ☐ د) الجديدَ

. . . .

تمرين رقم (١٣) - Exercise (13)

حل التمرين، صفحة ١٤٩ - Corrections, Page 149

١) ______ لغة جديدة.

☐ ا) نجلس ☐ ج) نتعلم

☐ ب) نكتب ☐ د) نفتح

....

٢) ليس معلما؛ هو ______ .

☐ ا) طالب ☐ ج) صديق

☐ ب) ولد ☐ د) زميل

....

٣) ليس هذا الرجل من هذا البلد؛ هو ______ .

☐ ا) معلم ☐ ج) طالب

☐ ب) أجنبي ☐ د) جديد

....

٤) ليست ______ التي نتعلمها صعبة جدا.

☐ ا) لغةٌ ☐ ج) اللغةَ

☐ ب) اللغةُ ☐ د) لغةً

....

تمرين رقم (١٤) - Exercise (14)

حل التمرين، صفحة ١٥٠ - Corrections, Page 150

١) يتكلم العربية ______ لأنه عربي.

☐ ا) ببطء ☐ ج) جيدا

☐ ب) أمام ☐ د) أيضا

. . . .

٢) تتعلمون العربية ______ لا تعرفونها.

☐ ا) لأنه ☐ ج) لأننا

☐ ب) لأنها ☐ د) لأنكم

. . . .

٣) ______ ؟ نحن طلاب.

☐ ا) مَن أنتم ☐ ج) مِن أنتم

☐ ب) أين أنتم ☐ د) مَن أنت

. . . .

٤) ______ مع معلمكم.

☐ ا) نجلس ☐ ج) يجلس

☐ ب) تجلسون ☐ د) تجلسين

. . . .

Exercise (15) - تمرين رقم (١٥)

Corrections, Page 151 - حل التمرين، صفحة ١٥١

١) يعرف هذا الرجل هذه المرأة لأنها ــــــ في الفصل.

☐ ا) معلمته ☐ ج) زميلته

☐ ب) تلميذته ☐ د) صديقته

. . . .

٢) هو معلم العربية ــــــــ .

☐ ا) الجديدِ ☐ ج) الجديدَ

☐ ب) الجديدَةُ ☐ د) الجديدُ

. . . .

٣) ــــــ درسكم اليوم.

☐ ا) كتبتم ☐ ج) كتبتَ

☐ ب) كتبنا ☐ د) كتبتُ

. . . .

٤) لا يتكلم العربية ــــــ لأنه ليس عربيا.

☐ ا) أيضا ☐ ج) ببطء

☐ ب) بطلاقة ☐ د) الآن

. . . .

Exercise (16) - تمرين رقم (١٦)

- حل التمرين، صفحة ١٥٢ - Corrections, Page 152

١) ليس صديقي ـــــــ هذه المدينة.

☐ ا) على ☐ ج) ل

☐ ب) مِن ☐ د) ب

. . . .

٢) ـــــــ درسكَ الجديد.

☐ ا) يكتب ☐ ج) أُكتب

☐ ب) أُكتبي ☐ د) تكتبين

. . . .

٣) ليس ـــــــ كرسي أجلس عليه.

☐ ا) هنا ☐ ج) الآن

☐ ب) هناك ☐ د) اليوم

. . . .

٤) ـــــــ هو؟ هو في البيت .

☐ ا) أين ☐ ج) مَن

☐ ب) مِن ☐ د) عن

. . . .

تمرين رقم (١٧) - Exercise (17)

حل التمرين، صفحة ١٥٣ - Corrections, Page 153

١) ــــــــــــ الطالب الدرس.

☐ ا) يتكلم ☐ ج) يقرأ

☐ ب) يجلس ☐ د) يفتح

....

٢) ــــــــــــ الذي نقرأه جديد.

☐ ا) المعلم ☐ ج) الكاتب

☐ ب) الطالب ☐ د) الكتاب

....

٣) أين صديقك؟ لا ــــــــــــ.

☐ ا) أعلم ☐ ج) أتعلم

☐ ب) أتكلم ☐ د) أكتب

....

٤) ليست هذه الورقة سوداء، هي ــــــــــــ.

☐ ا) جديدة ☐ ج) مفتوحة

☐ ب) بيضاء ☐ د) صعبة

....

تمرين رقم (١٨) - Exercise (18)

حل التمرين، صفحة ١٥٤ - Corrections, Page 154

١) ــــــــ الدرس اليوم؟ هو صعب.

☐ ا) كيف ☐ ج) مَن

☐ ب) أين ☐ د) مِن

. . . .

٢) ليس االطالب ــــــــ اليوم لأن الدرس صعب.

☐ ا) كبيرا ☐ ج) جديدا

☐ ب) قريبا ☐ د) مسرورا

. . . .

٣) أسكن في ــــــــ .

☐ ا) مدرسة ☐ ج) مكتب

☐ ب) منزل ☐ د) فصل

. . . .

٤) ــــــــ في فصلكن.

☐ ا) نحن ☐ ج) أنتم

☐ ب) هم ☐ د) أنتن

. . . .

Exercise (19) - تمرين رقم (١٩)

Corrections, Page 155 - حل التمرين، صفحة ١٥٥

١) ______ كتابكن.

☐ ا) يقرأن ☐ ج) تقرأن

☐ ب) يقرؤون ☐ د) تقرؤون

....

٢) تكتبين بقلم أسود على ______ بيضاء.

☐ ا) ورقة ☐ ج) كرسي

☐ ب) طاولة ☐ د) كنبة

....

٣) تكتبن درس ______ الآن.

☐ ا) هم ☐ ج) كن

☐ ب) هن ☐ د) كم

....

٤) ______ في مدينتهم.

☐ ا) تسكنون ☐ ج) يسكنَّ

☐ ب) يسكنون ☐ د) تسكنَّ

....

تمرين رقم (٢٠) - Exercise (20)

حل التمرين، صفحة ١٥٦ - Corrections, Page 156

١) ـــــــــ وأبوه في البيت اليوم.

☐ ا) صديقه ☐ ج) زميله

☐ ب) أمه ☐ د) معلمه

....

٢) منزله ـــــــــ من المدرسة.

☐ ا) جديد ☐ ج) قريب

☐ ب) مفتوح ☐ د) كبير

....

٣) من هو ـــــــــ الرجل؟

☐ ا) الذي ☐ ج) هذ

☐ ب) التي ☐ د) ذلك

....

٤) تسكن مع ـــــــــ.

☐ ا) الوالديك ☐ ج) والديك

☐ ب) الوالدينك ☐ د) والدينك

....

Exercise (21) - تمرين رقم (٢١)

Corrections, Page 157 - حل التمرين، صفحة ١٥٧

١) نعيش و ________ في المدينة.

☐ ا) نعرف ☐ ج) نكتب

☐ ب) نعمل ☐ د) نجلس

. . . .

٢) يعيش الولد مع ________ .

☐ ا) زميله ☐ ج) صديقه

☐ ب) معلمه ☐ د) أسرته

. . . .

٣) يعمل صديقه في المدينة و ________ في الريف.

☐ ا) يتكلم ☐ ج) يعيش

☐ ب) يتعلم ☐ د) يكتب

. . . .

٤) ________ لا تكتب إليه؟ لأنني لا أعرف عنوانه.

☐ ا) هل ☐ ج) كيف

☐ ب) لماذا ☐ د) أين

. . . .

تمرين رقم (٢٢) - Exercise (22)

حل التمرين، صفحة ١٥٨ - Corrections, Page 158

١) ـــــــــ المدرسة قريبة من هنا؟ نعم.

☐ ا) لماذا ☐ ج) كيف

☐ ب) هل ☐ د) أين

. . . .

٢) لا نعرف فصل المعلم ـــــــــ .

☐ ا) الجديدَ ☐ ج) جديداً

☐ ب) جديدٌ ☐ د) الجديدُ

. . . .

٣) لصديقي ـــــــــ .

☐ ا) اثنان ولد ☐ ج) ولد واحد

☐ ب) اثنان أولاد ☐ د) واحد ولد

. . . .

٤) أنا لي ـــــــــ .

☐ ا) اثنتان بنات ☐ ج) اثنتان بنتان

☐ ب) اثنتان بنت ☐ د) بنتان اثنتان

. . . .

Exercise (23) - تمرين رقم (٢٣)

Corrections, Page 159 - حل التمرين، صفحة ١٥٩

١) هو ـــــــ وله أولاد.

☐ ا) موظف ☐ ج) متزوج

☐ ب) معلم ☐ د) تلميذ

....

٢) أكتب ـــــــ صديقي اليوم.

☐ ا) إلى ☐ ج) في

☐ ب) على ☐ د) مع

....

٣) أعرف ـــــــ زميلي: يسكن أمام المدرسة.

☐ ا) أم ☐ ج) عنوان

☐ ب) مكتب ☐ د) اسم

....

٤) أنا مسرور لأنني أعرف كيف أكتب ـــــ بالعربية الآن.

☐ ا) كتابي ☐ ج) قلمي

☐ ب) فصلي ☐ د) اسمي

....

Exercise (24) - تمرين رقم (٢٤)

Corrections, Page 160 - حل التمرين، صفحة ١٦٠

١) يكتب ـــــــ درسه.

☐ أ) كلُّ طالبٍ ☐ ج) كلُّ الطالب

☐ ب) كلُّ طالبٌ ☐ د) كلُّ الطالبَ

. . . .

٢) لا أسكن في المدينة، أسكن في ـــــــــ .

☐ ا) المنزل ☐ ج) الفصل

☐ ب) الريف ☐ د) المكتب

. . . .

٣) ـــــــ مع أسرتكم.

☐ ا) تعيشون ☐ ج) تعشن

☐ ب) يعيشون ☐ د) يعشن

. . . .

٤) هل أمك في المنزل ـــــــ في المكتب؟

☐ ا) يوم ☐ ج) أم

☐ ب) أيضا ☐ د) أو

. . . .

تمرين رقم (٢٥) - Exercise (25)

حل التمرين، صفحة ١٦١ - Corrections, Page 161

١) ______ الموظفون في مطعم المنظمة.

☐ ا) يجلس ☐ ج) يكتبون

☐ ب) يأكل ☐ د) يأكلون

....

٢) لا يعمل الموظفون ______ في هذ البلد.

☐ ا) يوم الأحد ☐ ج) يوم الإثنين

☐ ب) يوم الثلاثاء ☐ د) يوم الخميس

....

٣) ليس ______ مفتوحا يوم الأحد.

☐ ا) مطعمُ المنظمةِ ☐ ج) مطعمُ المنظمةِ

☐ ب) المطعمُ منظمةَ ٍ ☐ د) المطعمُ المنظمةَ ِ

....

٤) ليس ______ يوم عطلة في كل بلد.

☐ ا) يوم الإثنين ☐ ج) يوم الأحد

☐ ب) يوم الخميس ☐ د) يوم الثلاثاء

....

Exercise (26) - تمرين رقم (٢٦)

Corrections, Page 162 - حل التمرين، صفحة ١٦٢

١) عملت ________ في المكتب اليوم.

☐ ا) نعم ☐ ج) كثيرا

☐ ب) أحيانا ☐ د) جدا

....

٢) المنظمة التي نعمل فيها كبيرة ________ .

☐ ا) أحيانا ☐ ج) جيدا

☐ ب) كثيرا ☐ د) جدا

....

٣) أنتما ________ إلى المدينة كل يوم.

☐ ا) تذهبون ☐ ج) تذهبان

☐ ب) تذهبن ☐ د) يذهبان

....

٤) أنتن ________ مع أزواجكن مرة في السنة.

☐ ا) تسافرن ☐ ج) تسافرون

☐ ب) يسافرن ☐ د) يسافرون

....

Exercise (27) - تمرين رقم (٢٧)

Corrections, Page 163 - حل التمرين، صفحة ١٦٣

١) هما (الطالبان)______ مع معلمهما.

☐ ا) يتكلمون　　☐ ج) يتكلم

☐ ب) يتكلمان　　☐ د) يتكلمن

. . . .

٢) هما (البنت وأمها) ______ بالقطار.

☐ ا) يسافرن　　☐ ج) تسافران

☐ ب) تسافر　　☐ د) يسافران

. . . .

٣) أتكلم ______ لغات أجنبية.

☐ ا) ثلاثةَ　　☐ ج) ثلاثاً

☐ ب) ثلاثَ　　☐ د) ثلاثةً

. . . .

٤) يسافر الموظف إلى بلد أجنبي مرة في ______ .

☐ ا) الساعة　　☐ ج) يوم

☐ ب) أسبوع　　☐ د) السنة

. . . .

Exercise (28) - تمرين رقم (٢٨)

حل التمرين، صفحة ١٦٤ - Corrections, page 164

١) ـــــــــ هي المنظمة التي أعمل فيها.

☐ ا) هذا ☐ ج) تلك

☐ ب) هذيه ☐ د) ذلك.

. . . .

٢) أنتما في ـــــــــ اليوم.

☐ ا) مكتبكم ☐ ج) مكتبهما

☐ ب) مكتبهم ☐ د) مكتبكما

. . . .

٣) أذهب إلى المدينة ـــــــــ .

☐ ا) هذا الصباحَ ☐ ج) هذا صباحاً

☐ ب) هذا الصباحُ ☐ د) هذا صباحٌ

. . . .

٤) ليس الموظفون ـــــــــ يعملون في هذه المنظمة كلهم من بلد واحد.

☐ ا) الذي ☐ ج) التي

☐ ب) الذين ☐ د) اللذين

. . . .

Exercise (29) - تمرين رقم (٢٩)

Corrections, Page 165 - حل التمرين، صفحة ١٦٥

١) ــــــــــ المسافر القطار.

☐ ا) يجلس ☐ ج) يسكن

☐ ب) يركب ☐ د) يعرف

....

٢) أحب أن ــــــــــ كثيرا.

☐ ا) أسافرِ ☐ ج) أسافرُ

☐ ب) أسافرْ ☐ د) أسافرَ

....

٣) تذهبين إلى المدرسة لكي ــــــــــ لغة أجنبية.

☐ ا) تتعلمي ☐ ج) تتعلمين

☐ ب) تتعلمَ ☐ د) تتعلمُ

....

٤) كان الطقس ــــــــــ أمس.

☐ ا) جميلاً ☐ ج) باردٌ

☐ ب) جميلٌ ☐ د) بارداً

....

Exercise (30) - تمرين رقم (٣٠)

Corrections, page 166 - حل التمرين، صفحة ١٦٦

١) توجد المحطة ______ المدينة.

☐ ا) أمام ☐ ج) خلف

☐ ب) بين ☐ د) وسط

. . . .

٢) ليس الشباك مفتوحا؛ هو ______ .

☐ ا) مغلق ☐ ج) كبير

☐ ب) جديد ☐ د) قريب

. . . .

٣) أريد أن ______ قليلا من الماء.

☐ ا) أتكلم ☐ ج) أشرب

☐ ب) أعرف ☐ د) آكل

. . . .

٤) أسكن في ______ .

☐ ا) ريف ☐ ج) شقة

☐ ب) مكتبة ☐ د) مدرسة

. . . .

Exercise (31) - تمرين رقم (٣١)

Corrections, Page 167 - حل التمرين، صفحة ١٦٧

١) أحب هذه ______ لأنها كبيرة وجميلة.

☐ ا) شقةً ☐ ج) الشقةُ

☐ ب) شقةٌ ☐ د) الشقةَ

. . . .

٢) أذهب إلى ______ لكي أركب القطار.

☐ ا) المدرسة ☐ ج) المحطة

☐ ب) المطعم ☐ د) المكتب

. . . .

٣) ذهب ______ إلى المدينة مع صديقه.

☐ ا) يوم ☐ ج) أمس

☐ ب) هذا صباح ☐ د) هذا سنة

. . . .

٤) ______ الباب، من فضلك.

☐ ا) أَغلقي ☐ ج) أَغلق

☐ ب) اِغلقي ☐ د) اِغلق

. . . .

Exercise (32) - تمرين رقم (٣٢)

Corrections, page 168 - حل التمرين، صفحة ١٦٨

١) الطقس ـــــــ جدا اليوم.

☐ ا) جميل ☐ ج) كبير

☐ ب) جديد ☐ د) بارداً

....

٢) لا تفتح الباب، افتح ـــــــ .

☐ ا) المدرسة ☐ ج) الفصل

☐ ب) المكتب ☐ د) الشباك

....

٣) لا نحب الطقس ـــــــ .

☐ ا) الباردُ ☐ ج) الباردَ

☐ ب) باردٌ ☐ د) بارداً

....

٤) للفصل ـــــــ .

☐ ا) واحد شباك ☐ ج) شباك واحد

☐ ب) اثنان شباكان ☐ د) اثنان شباك

....

Exercise (33) - تمرين رقم (٣٣)

Corrections, Page 169 - حل التمرين، صفحة ١٦٩

١) ـــــــــــ الآن، من فَضْلِك؟

☐ ا) كم ساعة ☐ ج) ما الساعة

☐ ب) كم الساعة ☐ د) في أي ساعة

. . . .

٢) أصل ـــــــــــ إلى المكتب كل يوم.

☐ ا) أيضا ☐ ج) أحيانا

☐ ب) جيدا ☐ د) مبكرا(ة)

. . . .

٣) أسكن ـــــــــــ المدرسة والمحطة.

☐ ا) أمام ☐ ج) بين

☐ ب) خلف ☐ د) قرب

. . . .

٤) ـــــــــــ لك؟

☐ ا) كم ولداً ☐ ج) كم أولاداً

☐ ب) كم ولدٌ ☐ د) كم أولادٌ

. . . .

تمرين رقم (٣٤) - Exercise (34)

حل التمرين، صفحة ١٧٠ - Corrections, page 170

١) يعمل الموظفون ـــــــــ ساعات في الصباح.

☐ ا) أربعةً ☐ ج) أربعَ

☐ ب) أربعاً ☐ د) أربعةَ

. . . .

٢) لن نعمل ـــــــــ لأنه يوم الأحد.

☐ ا) غدا ☐ ج) اليوم

☐ ب) أمس ☐ د) الآن

. . . .

٣) لن ـــــــ العمل في هذا البلد لأنك أجنبية.

☐ ا) تستطيعين ☐ ج) تستطيعَ

☐ ب) تستطيعي ☐ د) تستطيعُ

. . . .

٤) ـــــــ الآن ؟ أدرس لغة أجنبية.

☐ ا) ما تدرس ☐ ج) أين تدرس

☐ ب) هل تدرس ☐ د) ماذا تدرس

. . . .

Exercise (35) - تمرين رقم (٣٥)

Corrections, Page 171 - حل التمرين، صفحة ١٧١

١) ______ هو العمل الذي تقوم به ؟

☐ ا) ما ☐ ج) ماذا

☐ ب) من ☐ د) هل

....

٢) ______ تبدئين عملك ؟

☐ ا) ما الساعة ☐ ج) كم الساعة

☐ ب) كم ساعة ☐ د) في أي ساعة

....

٣) ______ القطار في المحطة.

☐ ا) يقف ☐ ج) يتوقف

☐ ب) يقوم ☐ د) يتوقف عن

....

٤) ______ الموظف عن عمله قليلا.

☐ ا) يتوقف ☐ ج) يقف

☐ ب) يقوم ☐ د) يبدأ

....

Exercise (36) - تمرين رقم (٣٦)

Corrections, Page 172 - حل التمرين، صفحة ١٧٢

١) ـــــــــ المعلم أمام التلاميذ.

☐ ا) يتوقف ☐ ج) يتوقف عن

☐ ب) يقف ☐ د) يقوم

. . . .

٢) ـــــــــ كتابا إلى صديقتكِ

☐ ا) تعطي ☐ ج) تعطين

☐ ب) تعطيين ☐ د) تعطن

. . . .

٣) يحب الموظف العمل الذي ـــــــــ .

☐ ا) يقوم به ☐ ج) يقومه

☐ ب) يدرسه ☐ د) يكتبه

. . . .

٤) ـــــــــ لغة أجنبية تدرسين الآن ؟

☐ ا) أيّ ☐ ج) هل

☐ ب) ماذا ☐ د) ما

. . . .

Exercise (37) - تمرين رقم (٣٧)

حل التمرين، صفحة ١٧٣ - Corrections, page 173

١) لا يتكلم كثيرا لأنه ــــــ من أن يخطئ.

☐ ا) يخرج ☐ ج) يخاف

☐ ب) يظن ☐ د) يفهم

....

٢) يذهب إلى العمل بالسيارة لأن مكتبه ــــــ .

☐ ا) كبير ☐ ج) رخيص

☐ ب) بعيد ☐ د) قديم

....

٣) ليست هذه السيارة جديدة؛ هي ــــــ .

☐ ا) قديمة ☐ ج) كبيرة

☐ ب) جميلة ☐ د) رخيصة

....

٤) لا أستطيع شراء هذا الفستان لأنه ليس ــــــ .

☐ ا) رخيصا ☐ ج) بعيدا

☐ ب) قديما ☐ د) قريبا

....

تمرين رقم (٣٨) - Exercise (38)

حل التمرين، صفحة ١٧٤ - Corrections, Page 174

١) ـــــــــ لأنك مسرورة. أليس كذلك ؟

☐ ا) تظنين ☐ ج) تفهمين

☐ ب) تشترين ☐ د) تضحكين

....

٢) لا نضحك من الناس عندما ـــــــــ .

☐ ا) يفهمون ☐ ج) يخرجون

☐ ب) يخطئون ☐ د) يظنون

....

٣) ـــــــــ سافرت كتبت إلى أصدقائي.

☐ ا) لو ☐ ج) ولو

☐ ب) عندما ☐ د) فقط

....

٤) اشتريت هذا الفستان من ـــــــــ .

☐ ا) مكتبة ☐ ج) دكان

☐ ب) مطعم ☐ د) مدرسة

....

Exercise (39) - تمرين رقم (٣٩)

Corrections, page 175 - حل التمرين، صفحة ١٧٥

١) عندما ______ من المنزل أغلق الباب بالمفتاح.

☐ ا) أضحك ☐ ج) أخرج

☐ ب) أشتري ☐ د) أفهم

....

٢) ______ أن ذلك المطعم مغلق يوم الأحد.

☐ ا) أدخل ☐ ج) أخرج

☐ ب) أظن ☐ د) أخطئ

....

٣) من أين ______ سيارتكما ؟

☐ ا) اشتريتما ☐ ج) اشتريتم

☐ ب) اشتريا ☐ د) اشتريتن

....

٤) من هو ذلك ______ الذي يتكلم معك ؟

☐ ا) سيدٌ ☐ ج) السيدٌ

☐ ب) السيدُ ☐ د) سيدُ

....

تمرين رقم (٤٠) - Exercise (40)

حل التمرين، صفحة ١٧٦ - Corrections, Page 176

١) عندما يتكلم المعلم ببطء ______ التلاميذ جيدا.

☐ ا) يفهموه ☐ ج) يفهمه

☐ ب) يفهمنه ☐ د) يفهمونه

. . . .

٢) من أي دكان اشتريت هذا ______ الجميل ؟

☐ ا) الفستان ☐ ج) الكتاب

☐ ب) السيارة ☐ د) الساعة

. . . .

٣) يوجد كثير من ______ في هذه المدينة.

☐ ا) سيارات ☐ ج) سيارة

☐ ب) السيارات ☐ د) السيارة

. . . .

٤) ______ كان هذا الفستان رخيصا أشتريه.

☐ ا) عندما ☐ ج) ولو

☐ ب) لو ☐ د) لكي

. . . .

Exercise (41) - تمرين رقم (٤١)

Corrections, Page 177 - حل التمرين، صفحة ١٧٧

١) يحب أن يأكل في مطعم ـــــ لأنه شرقي.

☐ ا) موظف ☐ ج) أجنبي

☐ ب) متزوج ☐ د) شرقي

. . . .

٢) عندما يتكلم المعلم ـــــ لا يفهمه التلاميذ جيدا.

☐ ا) بسرعة ☐ ج) ببطء

☐ ب) بطلاقة ☐ د) أيضا

. . . .

٣) ـــــ أن تسافرن إلى بلد عربي هذه السنة.

☐ ا) تريدن ☐ ج) تردن

☐ ب) تريدون ☐ د) تريدين

. . . .

٤) هل ـــــ أن أسألك سؤالا ؟

☐ ا) يمكنك ☐ ج) يمكنه

☐ ب) يمكنني ☐ د) يمكنها

. . . .

Exercise (42) - تمرين رقم (٤٢)

Corrections, Page 178 - حل التمرين، صفحة ١٧٨

١) لا يأكل ______ في مطعم المنظمة.

☐ ا) بعض موظفين ☐ ج) بعض الموظفين

☐ ب) بعض موظفون ☐ د) بعض الموظفون

....

٢) هل تعرف كيف ______ ؟

☐ ا) ساق ☐ ج) تسوقين

☐ ب) يسوق ☐ د) تسوق

....

٣) الباب مفتوح لكن ______ مغلق.

☐ ا) الشباكَ ☐ ج) شباكٌ

☐ ب) الشباكُ ☐ د) شباكاً

....

٤) المطعم القديم مفتوح لكن المطعم ______ مغلق.

☐ ا) الجديدُ ☐ ج) جديدٌ

☐ ب) الجديدَ ☐ د) جديداً

....

Exercise (43) - تمرين رقم (٤٣)

Corrections, Page 179 - حل التمرين، صفحة ١٧٩

١) يصل الموظف إلى المكتب ______ .

☐ ا) في الوقت ☐ ج) في الساعة

☐ ب) على الوقت ☐ د) على الساعة

. . . .

٢) ______ المعلم التلميذ عن زميله.

☐ ا) يسأل ☐ ج) يعرف

☐ ب) يتكلم ☐ د) يفهم

. . . .

٣) إذا ______ ______ إليك.

☐ ا) سافرت كتبت ☐ ج) أسافر أكتب

☐ ب) سافرت أكتب ☐ د) أسافر كتبت

. . . .

٤) يتكلم المعلم مع ______ في المنظمة

☐ ا) أحد موظفين ☐ ج) أحد موظفون

☐ ب) أحد الموظفين ☐ د) أحد الموظفون

. . . .

Exercise (44) - تمرين رقم (٤٤)

Corrections, Page 180 - حل التمرين، صفحة ١٨٠

١) لا أذهب ـــــــ إلى المدينة بالسيارة.

☐ ا) أيضا   ☐ ج) دائما

☐ ب) جدا   ☐ د) جيدا

. . . .

٢) نعمل كلنا في ـــــــ .

☐ ا) النفس منظمة   ☐ ج) نفس منظمة

☐ ب) نفس المنظمة   ☐ د) النفس المنظمة

. . . .

٣) كل ـــــــ ممكن.

☐ ا) شيءٌ   ☐ ج) شيئاً

☐ ب) شيءٍ   ☐ د) الشيءِ

. . . .

٤) لو كنت ـــــــ لا أفعل ذلك.

☐ ا) مكانَكَ   ☐ ج) مكانُكَ

☐ ب) مكانِكَ   ☐ د) المكانَكَ

. . . .

Exercise (45) - تمرين رقم (٤٥)

Corrections, page 181 - حل التمرين، صفحة ١٨١

١) من هن السيدات ـــــــ تتكلم معهن ؟

☐ ا) الاتي ☐ ج) التي

☐ ب) اللاتي ☐ د) الذين

. . . .

٢) ـــــــ تسافرين ؟ أسافر هذه السنة.

☐ ا) متى ☐ ج) إلى أين

☐ ب) لماذا ☐ د) كيف

. . . .

٣) يعمل الموظفون ـــــــ أيام في الأسبوع.

☐ ا) خمسَ ☐ ج) خمساً

☐ ب) خمسةَ ☐ د) خمسةً

. . . .

٤) ـــــــ ، الدرس صعب قليلا اليوم.

☐ ا) جدا ☐ ج) أحيانا

☐ ب) أيضا ☐ د) حقا

. . . .

تمرين رقم (٤٦) - Exercise (46)

حل التمرين، صفحة ١٨٢ - Corrections, Page 182

١) في أي ساعة ______ من عملكِ اليوم؟

☐ ا) تنتهي ☐ ج) تنتهن

☐ ب) تنتهين ☐ د) تنتهيين

. . . .

٢) اليوم يوم الأحد، أمس كان ______ .

☐ ا) يوم الإثنين ☐ ج) يوم السبت

☐ ب) يوم الخميس ☐ د) يوم الجمعة

. . . .

٣) يشعر بـ ______ لأنه أجنبي في هذا البلد.

☐ ا) الأمل ☐ ج) البرد

☐ ب) الخوف ☐ د) الوحدة

. . . .

٤) ______ من هو صديقك، أقول لك من أنت.

☐ ا) قل لي ☐ ج) قلني

☐ ب) قول لي ☐ د) قلي

. . . .

Exercise (47) - تمرين رقم (٤٧)

Corrections, page 183 - حل التمرين، صفحة ١٨٣

١) ______ أن أذهب إلى المدينة هذا الصباح.

☐ ا) نجب ☐ ج) أجب

☐ ب) تجب ☐ د) يجب

. . . .

٢) أين هي الكتب ______ اشتريتها؟

☐ ا) التي ☐ ج) الذين

☐ ب) اللاتي ☐ د) الذي

. . . .

٣) أذهب إلى المدينة ______ .

☐ ا) هذا مساءً ☐ ج) هذا مساءٌ

☐ ب) هذا المساءَ ☐ د) هذا المساءُ

. . . .

٤) لا ______ لك أن تعمل في هذا البلد لأنك أجنبي.

☐ ا) يجب ☐ ج) يحق

☐ ب) يمكن ☐ د) تحق

. . . .

تمرين رقم (٤٨) - Exercise (48)

حل التمرين، صفحة ١٨٤ - Corrections, Page 184

١) ـــــــ أن يكون الطقس جميلا غدا.

☐ ا) أخاف ☐ ج) يجب

☐ ب) يحق ☐ د) آمل

....

٢) ـــــــ يعمل في مكتبه عندما وصلتُ.

☐ ا) وجدته ☐ ج) وجدهتم

☐ ب) وجدني ☐ د) وجدنا

....

٣) تتوقف هذه ـــــــ في المحطة.

☐ ا) الحافلة الجديدة ☐ ج) الحافلة جديدة

☐ ب) حافلة الجديدة ☐ د) جديدة الحافلة

....

٤) ليست المدرسة ـــــــ كبيرة.

☐ ا) الجديدةُ ☐ ج) الجديدةَ

☐ ب) جديدةٌ ☐ د) جديدةً

....

Exercise (49) - تمرين رقم (٤٩)

Corrections, page 185 - حل التمرين، صفحة ١٨٥

١) لا أشرب القهوة؛ أشرب ______ .

☐ ا) السكائر ☐ ج) كل شيء

☐ ب) الشاي ☐ د) أي شيء

. . . .

٢) ليس الدرس صعبا اليوم، هو ______ .

☐ ا) سهل ☐ ج) جديد

☐ ب) كبير ☐ د) طويل

. . . .

٣) أعمل ______ أسكن .

☐ ا) أين ☐ ج) متى

☐ ب) عندما ☐ د) حيث

. . . .

٤) هل وجدت مفتاحك الذى ______ ؟

☐ ا) فتحته ☐ ج) فقدته

☐ ب) تركته ☐ د) أغلقته

. . . .

تمرين رقم (٥٠) - Exercise (50)

حل التمرين، صفحة ١٨٦ - Corrections, Page 186

١) وجدت مفتاحي حيث ______ .

☐ ا) كتبته　　☐ ج) تركته

☐ ب) فتحته　　☐ د) أغلقته

. . . .

٢) ______ أن أسألك سؤالا.

☐ ا) أفضل　　☐ ج) أود

☐ ب) يحق　　☐ د) أمكن

. . . .

٣) يفضل بعض الناس القطار ______ الطائرة.

☐ ا) من　　☐ ج) إلى

☐ ب) على　　☐ د) عن

. . . .

٤) لا يحق للناس أن ______ في الحافلة.

☐ ا) يدخنوا　　☐ ج) يدخنون

☐ ب) يدخن　　☐ د) يدخنو

. . . .

Exercise (51) - تمرين رقم (٥١)

Corrections, Page 187 - حل التمرين، صفحة ١٨٧

١) كم ـــــــ من القهوة تشربين في اليوم؟

☐ ا) فناجينُ ☐ ج) فنجانُ

☐ ب) فناجينَ ☐ د) فنجاناً

. . . .

٢) ـــــــ في حاجة إلى النقود لتشترين شيئا.

☐ ا) أنتِ ☐ ج) أنتَ

☐ ب) أنتن ☐ د) هي

. . . .

٣) أذهب إلى المكتبة ـــــــ .

☐ ا) مساءَ يومِ الأربعاءِ ☐ ج) مساءُ يومَ الأربعاءَ

☐ ب) مساءَ يومُ الأربعاءِ ☐ د) مساءِ يومَ الأربعاءَ

. . . .

٤) لا يعرف الطلاب ـــــــ الجديدات.

☐ ا) المعلمات ☐ ج) معلماتاً

☐ ب) المعلماتَ ☐ د) المعلماتُ

. . . .

Exercise (52) - تمرين رقم (٥٢)

Corrections, Page 188 - حل التمرين، صفحة ١٨٨

١) يفضل الناس السيارات ______ .

☐ ا) الجديدةَ ☐ ج) جديدةً

☐ ب) الجديداتِ ☐ د) جديدةَ

. . . .

٢) مدرستكم ______ من مدرستنا.

☐ ا) أكبرةُ ☐ ج) أكبرةٌ

☐ ب) أكبرُ ☐ د) أكبرٌ

. . . .

٣) ______ أن تسافرن إلى بلد أجنبي كل سنة.

☐ ا) بودها ☐ ج) بودكِ

☐ ب) بودهن ☐ د) بودكنَ

. . . .

٤) لا يحق ____ أن تعملوا في منظمتين في آن واحد.

☐ ا) لكم ☐ ج) لهم

☐ ب) لكن ☐ د) لهن.

. . . .

Exercise (53) - تمرين رقم (٥٣)

Corrections, Page 189 - حل التمرين، صفحة ١٨٩

١) أركب ــــــ في المحطة.

☐ ا) الحافلة ☐ ج) القطار

☐ ب) السيارة ☐ د) الطائرة

. . . .

٢) ــــــ صديقتكِ كل يوم.

☐ ا) تَرَيْنَ ☐ ج) تَريينَ

☐ ب) تَرَى ☐ د) تَرَيْ

. . . .

٣) نشتري الطوابع من ــــــ .

☐ ا) المحطة ☐ ج) مكتب البريد

☐ ب) المطار ☐ د) المدرسة

. . . .

٤) عندما يكتب لي أحد ــــــ .

☐ ا) أجيبه ☐ ج) أبعثه

☐ ب) أرسله ☐ د) أستقبله

. . . .

تمرين رقم (٥٤) - Exercise (54)

حل التمرين، صفحة ١٩٠ - Corrections, Page 190

١) أعرف ـــــــ جيدا.

☐ ا) أخُه ☐ ج) أخَاه

☐ ب) أخِيه ☐ د) أخَه

....

٢) ـــــــ مع المعلم.

☐ ا) رأيتك تتكلم ☐ ج) أراك تكلمت

☐ ب) رأيتك تكلمت ☐ د) أراك أن تتكلم

....

٣) أذهب إلى مكتب البريد لكي ـــــــ رسالة.

☐ ا) أكتب ☐ ج) أقرأ

☐ ب) أرسل ☐ د) أستقبل

....

٤) يبدأ الناس العمل عامة في ـــــــ صباحا.

☐ ا) الواحدة ☐ ج) الخامسة

☐ ب) الثانية ☐ د) الثامنة

....

١) نسكن في نفس المدينة ولكن ليس في نفس ــــــ .

☐ ا) المطار ☐ ج) الشارع

☐ ب) المحطة ☐ د) البلد

. . . .

٢) أنا في حاجة إلى ــــــ لكي أرسل رسالة.

☐ ا) طابع ☐ ج) قلم

☐ ب) كتاب ☐ د) ورق

. . . .

٣) لا أستطيع أن أكتب بسرعة ــــــ .

☐ ا) أمامه ☐ ج) مثله

☐ ب) بعده ☐ د) كه

. . . .

٤) أذهب إلى المطار لكي ــــــ صديقي.

☐ ا) نرى ☐ ج) أستقبل

☐ ب) أرسل ☐ د) أبعث

. . . .

Exercise (56) - تمرين رقم (٥٦)

Corrections, Page 192 - حل التمرين، صفحة ١٩٢

١) لمن هذه السيارة ______ ؟

☐ ا) حمراءُ ☐ ج) البيضاءَ

☐ ب) الحمراءُ ☐ د) السوداءِ

....

٢) لا أراه في الصباح؛ أراه فقط ______ .

☐ ا) اليوم ☐ ج) أحيانا

☐ ب) كل يوم ☐ د) بعد الظهر

....

٣) لكل واحد منا ______ .

☐ ا) كتابين ☐ ج) سيارةٍ

☐ ب) عينان ☐ د) معلماً

....

٤) أنتهي من العمل عامة في الساعة ______ .

☐ ا) الْخَمسَة ☐ ج) الْخَمْسَة

☐ ب) الْخَامِسَةِ ☐ د) الْخَمِيسَةِ

....

تمرين رقم (٥٧) - Exercise (57)

حل التمرين، صفحة ١٩٣ - Corrections, page 193

١) ـــــــ الطفل مع كلبه.

☐ ا) يسمع ☐ ج) يكتب

☐ ب) يبتسم ☐ د) يلعب

....

٢) ليس هذا القميص رخيصا، هو ـــــــ.

☐ ا) غال ☐ ج) كبير

☐ ب) جميل ☐ د) صغير

....

٣) هذا الفستان ـــــــ اللون.

☐ ا) رخيص ☐ ج) أزرق

☐ ب) غال ☐ د) صغير

....

٤) اليوم يوم الإثنين، غدا يوم ـــــــ.

☐ ا) الأحد ☐ ج) الأربعاء

☐ ب) الثلاثاء ☐ د) الجمعة

....

تمرين رقم (٥٨) - Exercise (58)

حل التمرين، صفحة ١٩٤ - Corrections, Page 194

١) لصديقي ______ .

☐ ا) بنتين
☐ ب) البنتين
☐ ج) بنتان
☐ د) البنتان

....

٢) ______ بالأذنين.

☐ ا) نرى
☐ ب) نسمع
☐ ج) نتكلم
☐ د) نبتسم

....

٣) ______ أسمعْ ما قلته.

☐ ا) لن
☐ ب) لا
☐ ج) لم
☐ د) ليس

....

٤) ليس هذا المنزل كبيرا؛ هو ______ .

☐ ا) بعيد
☐ ب) رخيص
☐ ج) جميل
☐ د) صغير

....

Exercise (59) - تمرين رقم (٥٩)

حل التمرين، صفحة ١٩٥ - Corrections, page 195

١) أعرف هذا المطعم جيدا لأنني آكل فيه ______ .

☐ ا) دائما　　☐ ج) جدا

☐ ب) أيضا　　☐ د) جيدا

....

٢) اشتريت ______ صباح أمس.

☐ ا) قميصان أزرقين　　☐ ج) قميصان أزرقان

☐ ب) قميصين أزرقان　　☐ د) قميصين أزرقين

....

٣) يجدن هذه الفساتين غالية بالنسبة ______ .

☐ ا) لهن　　☐ ج) لكم

☐ ب) لكن　　☐ د) لك

....

٤) يشتري الناس كثيرا من ______ هذه الأيام.

☐ ا) هدية　　☐ ج) الهدايا

☐ ب) الهدية　　☐ د) هدايا

....

Exercise (60) - تمرين رقم (٦٠)

Corrections, Page 196 - حل التمرين، صفحة ١٩٦

١) لم أر قلمي لأنه كان ____ الكتاب.

☐ ا) تحت ☐ ج) على

☐ ب) أمام ☐ د) عن

....

٢) نسمع ____ .

☐ ا) بالعينين ☐ ج) بالأذنان

☐ ب) بالعينان ☐ د) بالأذنين

....

٣) هذه السيارة ____ .

☐ ا) الزرقاء لون ☐ ج) زرقاء لون

☐ ب) زرقاء اللون ☐ د) الرزرقاء اللون

....

٤) قالت الموظفة لزميلتها أنتِ ____ دائما.

☐ ا) تبتسمْ ☐ جَ) تبتسمُ

☐ ب) تبتسمي ☐ د) تبتسمين

....

Exercise (61) - تمرين رقم (٦١)

حل التمرين، صفحة ١٩٧ - Corrections, Page 197

١) أعرف ______ كل الموظفين الذين يعملون في هذه المنظمة الصغيرة.

☐ ا) دائما ☐ ج) أبدا

☐ ب) أحيانا ☐ د) تقريبا

....

٢) اليوم يوم الجمعة؛ أمس كان يوم ______ .

☐ ا) الخميس ☐ ج) الأحد

☐ ب) الأربعاء ☐ د) السبت

....

٣) أشكرك كثيرا ______ رسالتك اللطيفة.

☐ ا) من ☐ ج) على

☐ ب) في ☐ د) ل

....

٤) ______ باليدين.

☐ ا) نرى ☐ ج) نسمع

☐ ب) نلمس ☐ د) نتكلم

....

Exercise (62) - تمرين رقم (٦٢)

Corrections, Page 198 - حل التمرين، صفحة ١٩٨

١) ـــــــ أحيانا كتابكِ في المنزل .

☐ ا) تَنسينَ ☐ ج) تَنْسَيْنَ

☐ ب) تَنْسَيِنَ ☐ د) تَنْسيِينَ

. . . .

٢) مكتب البريد مغلق ـــــــ يوم الأحد.

☐ ا) أحيانا ☐ ج) أبدا

☐ ب) طبعا ☐ د) جدا

. . . .

٣) ليس للحيوان ـــــــ .

☐ ا) آذان ☐ ج) أياد

☐ ب) شيء ☐ د) أعين

. . . .

٤) نتناول طعام الفطور ـــــــ .

☐ ا) في المساء ☐ ج) عند الظهر

☐ ب) بعد الظهر ☐ د) في الصباح

. . . .

Exercise (63) - تمرين رقم (٦٣)

Corrections, Page 199 - حل التمرين، صفحة ١٩٩

١) أعمل أحيانا يوم الجمعة فقط ______ .

☐ ا) سبع ساعة ☐ ج) سبع ساعات

☐ ب) سبعة ساعة ☐ د) سبعة ساعات

. . . .

٢) قلتم لي أنكم ______ طعام الفطور أمس.

☐ ا) لا تناولتم ☐ ج) لم تتناولوا

☐ ب) لم تناولتم ☐ د) لم تتناولون

. . . .

٣) ما هو ______ الفصل الذي تدرسين فيه؟

☐ ا) اسم ☐ ج) لون

☐ ب) عنوان ☐ د) رقم

. . . .

٤) وصلتني كثير من الرسائل ______ هذا الأسبوع.

☐ ا) اللطيفات ☐ ج) اللطيفة

☐ ب) لطيفات ☐ د) لطيفة

. . . .

Exercise (64) - تمرين رقم (٦٤)

Corrections, Page 200 - حل التمرين، صفحة ٢٠٠

١) ليس معي الكتاب. ــــــ في المنزل.

☐ ا) قرأته ☐ ج) عرفته

☐ ب) كتبته ☐ د) نسيته

. . . .

٢) قلتِ لي أنك ــــــ تفضلين القهوة على الشاي.

☐ ا) شخصياً ☐ ج) شخصيُ

☐ ب) شخصيةً ☐ د) شخصيةٌ

. . . .

٣) يوجد ــــــ في الأسبوع.

☐ ا) سبعة يوم ☐ ج) سبع أيام

☐ ب) سبع يوم ☐ د) سبعة أيام

. . . .

٤) ــــــ أسافر هذه السنة إلى بلد أجنبي.

☐ ا) ربما ☐ ج) أحيانا

☐ ب) دائما ☐ د) أبدا

. . . .

Exercise (65) - تمرين رقم (٦٥)

Corrections, Page 201 - حل التمرين، صفحة ٢٠١

١) نفتح الباب ـــــــ أن ندخل.

☐ ا) عند ☐ ج) قبل

☐ ب) أمام ☐ د) بعد

. . . .

٢) نشم ـــــــ .

☐ ا) بالأذنين ☐ ج) بالعينين

☐ ب) بالأنف ☐ د) باليدين

. . . .

٣) كانت الكاتبات ـــــــ جدا أمس.

☐ ا) مشغولات ☐ ج) مشغولةً

☐ ب) مشغولاتاً ☐ د) مشغولاتُ

. . . .

٤) ـــــــ من الأنف.

☐ ا) نلمس ☐ ج) نرى

☐ ب) نتكلم ☐ د) نتنفس

. . . .

Exercise (66) - تمرين رقم (٦٦)

Corrections, Page 202 - حل التمرين، صفحة ٢٠٢

١) نمشي على ______ .

☐ أ) أرجلنا ☐ ج) أعيننا

☐ ب) أيدينا ☐ د) آذاننا

. . . .

٢) ليس _____ ؛ هو في صحة جيدة.

☐ ا) أجنبيا ☐ ج) موظفا

☐ ب) مريضا ☐ د) طالبا

. . . .

٣) أود أن أشتري هذا الفستان لأنه _____ .

☐ ا) بعيد ☐ ج) جميل

☐ ب) كبير ☐ د) قريب

. . . .

٤) صديقي مريض ودخل إلى _____ .

☐ ا) المستشفى ☐ ج) الجامعة

☐ ب) المحطة ☐ د) المدرسة

. . . .

Exercise (67) - تمرين رقم (٦٧)

حل التمرين، صفحة ٢٠٣ - Corrections, Page 203

١) يعمل ـــــــ في المستشفى.

☐ ا) كل الناسُ ☐ ج) الطبيبُ

☐ ب) الطالبٍ ☐ د) المعلمُ

....

٢) يدرس الطلاب في ـــــــ .

☐ ا) المستشفى ☐ ج) أي مكان

☐ ب) الجامعة ☐ د) المدرسةُ

....

١١) أذهب إلى مكتبي ـــــــ لأنه قريب جدا من المنزل.

☐ ا) بالقطار ☐ ج) بسيارة

☐ ب) بحافلة ☐ د) مشيا على الأقدام

....

٤) رأيته ـــــــ ولكنني لم أره يخرج.

☐ ا) يدخل ☐ ج) يعمل

☐ ب) يكتب ☐ د) يتكلم

....

Exercise (68) - تمرين رقم (٦٨)

Corrections, Page 204 - حل التمرين، صفحة ٢٠٤

١) لا أحد يستطيع أن يعيش بدون ______.

☐ ا) الشاي ☐ ج) القهوة

☐ ب) السكائر ☐ د) الهواء

....

٢) يجب على الإنسان أن يعمل ______ أنفه لكي يعيش.

☐ ا) قبل ☐ ج) بعد

☐ ب) رغم ☐ د) أمام

....

٣) أذهب إلى ______ لكي أشتري الفاكهة والخضارة.

☐ ا) مكتب البريد ☐ ج) السوق

☐ ب) المحطة ☐ د) المدرسة

....

٤) تحبين أن ______ بسرعة. أليس كذلك؟

☐ ا) تمشي ☐ ج) تمشيين

☐ ب) تمش ☐ د) تمشين

....

Exercise (69) - تمرين رقم (٦٩)

Corrections, Page 205 - حل التمرين، صفحة ٢٠٥

١) ليس الطقس باردا اليوم؛ هو ـــــــ .

☐ ا) جديد ☐ ج) حار

☐ ب) جيد ☐ د) جميل

. . . .

٢) النهار ـــــــ في فصل الشتاء.

☐ ا) قصير ☐ ج) طويل

☐ ب) جميل ☐ د) كبير

. . . .

٣) نتناول طعام الغداء ـــــــ .

☐ ا) عند الظهر ☐ ج) في المساء

☐ ب) في الصباح ☐ د) في أي وقت

. . . .

٤) نتناول عامة ـــــــ في اليوم.

☐ ا) ثلاثة وجبة ☐ ج) ثلاث وجبة

☐ ب) ثلاثة وجبات ☐ د) ثلاث وجبات

. . . .

Exercise (70) - تمرين رقم (٧٠)

Corrections, Page 206 - حل التمرين، صفحة ٢٠٦

١) ينزل كثير من ______ في فصل الشتاء.

☐ ا) الماطر ☐ ج) المطر

☐ ب) الماطار ☐ د) المطار

. . . .

٢) الطقس حار في فصل ______ .

☐ ا) الصيف ☐ ج) المدينة

☐ ب) الشتاء ☐ د) الريف

. . . .

٣) صار الجو ______ هذه الأيام.

☐ ا) جميلٌ ☐ ج) البارِدَ

☐ ب) بارداً ☐ د) باردٌ

. . . .

٤) سافروا كلهم. لم ______ أحد في المنزل.

☐ ا) يبقَ ☐ ج) يبقَى

☐ ب) يبقْ ☐ د) يبقَا

. . . .

Exercise (71) - تمرين رقم (٧١)

Corrections, Page 207 - حل التمرين، صفحة ٢٠٧

١) ـــــــ لوحدي في المنزل.

☐ ا) بَقتُ ☐ ج) بَقيتُ

☐ ب) بَقَيْتُ ☐ د) بَقَيْتَ

. . . .

٢) السماء ـــــــ اللون.

☐ ا) حمراء ☐ ج) سوداء

☐ ب) زرقاء ☐ د) صفراء

. . . .

٣) يلعب الأولاد في ـــــــ .

☐ ا) المكتب ☐ ج) المدرسة

☐ ب) أي مكان ☐ د) الحديقة

. . . .

٤) أشرب القهوة عامة بـ ـــــــ .

☐ ا) الشاي ☐ ج) الحليب

☐ ب) أي شيء ☐ د) العصير

. . . .

تمرين رقم (٧٢) - Exercise (72)

حل التمرين، صفحة ٢٠٨ - Corrections, Page 208

١) نتناول عصير الفاكهة ______ .

☐ ا) باردا ☐ ج) حارا

☐ ب) قصيرا ☐ د) جدا

. . . .

٢) ______ المطر الآن.

☐ ا) يبدأ ينزل ☐ ج) بدأ أن ينزل

☐ ب) بدأ نزل ☐ د) بدأ ينزل

٣) يعلمون ______ في هذه المدرسة.

☐ ا) ست لغة ☐ ج) ست لغات

☐ ب) ستة لغة ☐ د) ستة لغات

. . . .

٤) الطقس بارد في الشمال وحار في ______ .

☐ ا) أي مكان ☐ ج) كل مكان

☐ ب) الجنوب ☐ د) الشتاء

. . . .

Exercise (73) - تمرين رقم (٧٣)

حل التمرين، صفحة ٢٠٩ - Corrections, Page 209

١) ـــــــ ابنك ؟

☐ ا) ما هو عمر ☐ ج) كيف عمر

☐ ب) كم عمر ☐ د) ما عمر

. . . .

٢) لا تصل الكاتبات ـــــــ عادة إلى المكتب.

☐ ا) متأخراتٍ ☐ ج) متأخراتاً

☐ ب) متأخراً ☐ د) متأخرةً

. . . .

٣) قال لي إسمه ولكنني لا ـــــــ .

☐ ا) أعرفه ☐ ج) أنساه

☐ ب) أفهمه ☐ د) أتذكره

. . . .

٤) لم ـــــــ يعملن في هذه المنظمة.

☐ ا) يَعُودْنَ ☐ ج) تَعُدْنَ

☐ ب) تَعُودْنَ ☐ د) يَعُدْنَ

. . . .

تمرين رقم (٧٤) - Exercise (74)

حل التمرين، صفحة ٢١٠ - Corrections, Page 210

١) هـو ـــــــــ لأنـه يـعمل كثـيـرا.

☐ ا) متـأخر ☐ ج) مـسـتـعـجـل

☐ ب) مـبكـر ☐ د) مـتـعـب

....

٢) أيـن هـي الكـتـب ـــــــــ التـي اشـتـريتـهـا اليـوم؟

☐ ا) الآخـرون ☐ ج) الآخـر

☐ ب) الأخـريـات ☐ د) الأخـرى

....

٣) نـسـيـت أن ـــــــــ كـتـبي إلى المدرسـة الـيـوم.

☐ ا) أخـد ☐ ج) أأخـذ

☐ ب) آخـذ ☐ د) أخـوذ

....

٤) بكم ـــــــــ سيـارتك ؟

☐ ا) بَعْتَ ☐ ج) بِيـعْتَ

☐ ب) بَاعْتَ ☐ د) بِعْتَ

....

Exercise (75) - تمرين رقم (٧٥)

Corrections, Page 211 - حل التمرين، صفحة ٢١١

١) ـــــــ الموظفون المكتب في نفس الساعة.

☐ ا) يغادرون ☐ ج) يغادروا

☐ ب) يغادر ☐ د) يغادرو

. . . .

٢) ابقوا معنا قليلا إذا كنتم غير ـــــــ .

☐ ا) مستعجلان ☐ ج) مستعجلا

☐ ب) مستعجلون ☐ د) مستعجلين

. . . .

٣) من هم ـــــــ السادة، هناك ؟

☐ ا) هذان ☐ ج) أولئك

☐ ب) هذا ☐ د) هؤلاء

. . . .

٤) يصل بعض الموظفين ـــــــ إلى المكتب.

☐ ا) متأخرٌ ☐ ج) متأخرون

☐ ب) متأخراً ☐ د) متأخربن

. . . .

١) لم ـــــــ أنتم كثيرا أمس.

☐ ا) تتعبوا ☐ ج) تتعبون

☐ ب) تعبتم ☐ د) تتعبْ

....

٢) أين هما زميلتاك ـــــــ ؟

☐ ا) الأخريتان ☐ ج) الأخران

☐ ب) أخريان ☐ د) الأخريان

....

٣) ـــــــ أبدأ عملي في الثامنة.

☐ ا) أبدا ☐ ج) مبدئيا

☐ ب) جدا ☐ د) كثيرا

....

٤) ـــــــ من السفر هذا الأسبوع.

☐ ا) رجعت ☐ ج) غادرت

☐ ب) وصلت ☐ د) عودت

....

Exercise (77) - تمرين رقم (٧٧)

Corrections, Page 213 - حل التمرين، صفحة ٢١٣

١) نتناول ـــــــ في المساء.

☐ ا) طعام العشاء ☐ ج) طعام الفطور

☐ ب) طعام الغداء ☐ د) كل الوجبات

. . . .

٢) الطبيعة ـــــــ في فصل الربيع.

☐ ا) خضراء ☐ ج) حمراء

☐ ب) صفراء ☐ د) بيضاء

. . . .

٣) أشرب القهوة بالحليب وبدون ـــــــ .

☐ ا) اللبن ☐ ج) السكر

☐ ب) الشاي ☐ د) الماء

. . . .

٤) يكتب بعض الكتاب ـــــــ يتكلمون.

☐ ا) مثل ☐ ج) ك

☐ ب) ك ما ☐ د) كما

. . . .

تمرين رقم (٧٨) - Exercise (78)

حل التمرين، صفحة ٢١٤ - Corrections, Page 214

١) يأتي فصل ــــــ بعد فصل الشتاء.

☐ ا) الربيع ☐ ج) الخريف

☐ ب) الصيف ☐ د) كل شيء

. . . .

٢) أسافر كل سنة إلى الشرق ــــــ .

☐ ا) االوسط ☐ ج) المتوسط

☐ ب) المعتدل ☐ د) الأوسط

. . . .

٢) لم ــــــ كثيرا أمس.

☐ ا) أنامْ ☐ ج) نمْتُ

☐ ب) أنَمْ ☐ د) نَمْتُ

. . . .

٤) ــــــ طويل في فصل الشتاء.

☐ ا) الليل ☐ ج) اليوم

☐ ب) النهار ☐ د) الوقت

. . . .

Exercise (79) - تمرين رقم (٧٩)

Corrections, Page 215 - حل التمرين، صفحة ٢١٥

١) لا نرى ـــــــ تقريبا في فصل الشتاء.

☐ ا) شيئا ☐ ج) المطر

☐ ب) الماء ☐ د) الشمس

....

٢) الطقس ـــــــ عادة في فصل الربيع.

☐ ا) حار ☐ ج) بارد

☐ ب) خفيف ☐ د) معتدل

....

٣) النهار ـــــــ في فصل الربيع.

☐ ا) معتدل ☐ ج) وسط

☐ ب) متوسط ☐ د) أوسط

....

٤) ـــــــ الناس في الحديقة يوم الأحد.

☐ ا) يسكن ☐ ج) يتجول

☐ ب) يدرس ☐ د) يعمل

....

تمرين رقم (٨٠) - Exercise (80)

حل التمرين، صفحة ٢١٦ - Corrections, Page 216

١) ــــــــ إليك غدا لأراك.

☐ ا) سآتي ☐ ج) سأأتي

☐ ب) سأتي ☐ د) سآجيء

....

٢) سألها زميلها: لماذا ــــــــ إلى المكتب أمس ؟

☐ ا) لم تأتِ ☐ ج) لم تأتين

☐ ب) لم أتيتِ ☐ د) لم تأتي

....

٣) ــــــــ كل الطلاب اليوم.

☐ ا) جاؤوا ☐ ج) يجيئون

☐ ب) جاء ☐ د) يجئون

....

٤) نتناول طعام العشاء قبل الذهاب إلى ــــــــ.

☐ ا) العمل ☐ ج) المكتب

☐ ب) المدرسة ☐ د) الفراش

....

Exercise (81) - تمرين رقم (٨١)

Corrections, Page 217 - حل التمرين، صفحة ٢١٧

١) يقرأ بسهولة ولكنه يكتب ــــــ .

☐ ا) ببطء
☐ ب) بصعوبة
☐ ج) بطلاقة
☐ د) بوضوح

. . . .

٢) لا أستطيع الانتظار ــــــ لأنه ليس لي وقت.

☐ ا) طويلا
☐ ب) جدا
☐ ج) جيدا
☐ د) تقريبا

. . . .

٣) ــــــ صديقكِ إلى تناول طعام العشاء.

☐ ا) تدعو
☐ ب) تدعون
☐ ج) تدعوين
☐ د) تدعين

. . . .

٤) لا أفهم ما يقوله لأنه لا يتكلم ــــــ .

☐ ا) بسهولة
☐ ب) بسرعة
☐ ج) بصعوبة
☐ د) يوضوخ

. . . .

تمرين رقم (٨٢) - Exercise (82)

حل التمرين، صفحة ٢١٨ - Corrections, Page 218

١) ــــــ المسافرون في قاعة الانتظار.

☐ ا) ينظر ☐ ج) ينتظرون

☐ ب) ينظرون ☐ د) ينتظر

. . . .

٢) كيف ــــــ بهذه الكلمة، من فضلك ؟

☐ ا) نقرأ ☐ ج) ننطق

☐ ب) نفهم ☐ د) نكتب

. . . .

٣) لا نسمع عندما لا ــــــ .

☐ ا) ننظر ☐ ج) نستمع

☐ ب) نشم ☐ د) نرى

. . . .

٤) يوجد إثنا عشر ــــــ في السنة.

☐ ا) شهراً ☐ ج) شهورٌ

☐ ب) شهرٍ ☐ د) شهرٌ

. . . .

Exercise (83) - تمرين رقم (٨٣)

Corrections, Page 219 - حل التمرين، صفحة ٢١٩

١) بدأ الطفل ينطق بـ ______ .

☐ ا) بعض الكلمات ☐ ج) بعض كلمة

☐ ب) بعض كلمات ☐ د) بعض الكلمة

. . . .

٢) لم يصل القطار ______ .

☐ ا) قبل ☐ ج) بعدَ

☐ ب) حيث ☐ د) بعدُ

. . . .

٣) أرسل ______ إلى أصدقائي.

☐ ا) دعوتاً ☐ ج) دعواتاً

☐ ب) دعوةٌ ☐ د) دعواتٍ

. . . .

٤) عاش ______ في الخارج.

☐ ا) بضع سنة ☐ ج) بضع سنوات

☐ ب) بضعة سنة ☐ د) بضعة سنوات

. . . .

تمرين رقم (٨٤) - Exercise (84)

حل التمرين، صفحة ٢٢٠ - Corrections, Page 220

١٣) ـــــ الدعوة بكل سرور رغم أنني كنت مشغولة.

☐ ا) قبلتَ ☐ ج) قبلت

☐ ب) قبلتُ ☐ د) قبلتْ

....

٢) أنتظر في ـــــ .

☐ ا) هذه قاعة الانتظار ☐ ج) تلك قاعة الانتظار

☐ ب) قاعة الانتظارهذه ☐ د) هاذه قاعة الانتظار

....

٣) أنتظركِ حتى ـــــ .

☐ ا) تعودين ☐ ج) تعودَ

☐ ب) تعودي ☐ د) تعودُ

....

٤) انتظر ـــــ من فضلك.

☐ ا) لحظةٌ ☐ ج) لحظةً

☐ ب) لحظةٍ ☐ د) لحظاتُ

....

Exercise (85) - تمرين رقم (٨٥)

حل التمرين، صفحة ٢٢١ - Corrections, Page 221

١) تفتح المدارس والجامعات أبوابها في فصل ______ .

☐ ا) الشتاء ☐ ج) الخريف

☐ ب) الربيع ☐ د) الصيف

. . . .

٢) ______ الفتاة الشاب إلى صديقتها.

☐ ا) تقابل ☐ ج) تغير

☐ ب) تقدم ☐ د) تتقابل

. . . .

٣) نستحم ______ .

☐ ا) بعد القيام من النوم ☐ ج) قبل القيام من النوم

☐ ب) بعد الذهاب إلى الفراش ☐ د) بدون توقف

. . . .

٤) عندما نتعب نكون في حاجة إلى ______ .

☐ ا) الراحة ☐ ج) الشرب

☐ ب) الأكل ☐ د) العمل

. . . .

تمرين رقم (٨٦) - Exercise (86)

حل التمرين، صفحة ٢٢٢ - Corrections, Page 222

١) نغسل ملابسنا لكي تصير_____ .

☐ ا) صغيرة ☐ ج) كبيرة

☐ ب) خفيفة ☐ د) نظيفة

....

٢) للحيوانات _____ ولكنها لا تتكلم.

☐ ا) وجه ☐ ج) أيادٍ

☐ ب) لسان ☐ د) رأس

....

٣) _____ عندما نتعب.

☐ ا) نأكل ☐ ج) نشرب

☐ ب) نستريح ☐ د) نستحم

....

٤) لا يلبس معظم الناس شيئا على _____ .

☐ ا) أرجلهم ☐ ج) وجوههم

☐ ب) أيديهم ☐ د) رؤوسهم

....

تمرين رقم (٨٧) - Exercise (87)

حل التمرين، صفحة ٢٢٣ - Corrections, Page 223

١) ــــــــ الطعام باللسان.

☐ ا) نلمس ☐ ج) نشم

☐ ب) نسمع ☐ د) نذوق

. . . .

٢) ــــــــ الملابس بالماء السخن.

☐ ا) نشتري ☐ ج) نلبس

☐ ب) نغير ☐ د) نغسل

. . . .

٣) يأكل الطلاب في ــــــــ .

☐ ا) المطعم الجامعي ☐ ج) مطعم المطار

☐ ب) المطعم الدراسي ☐ د) مطعم المحطة

. . . .

٤) يذهب الطلاب في العطلة الصيفية في ــــــــ السنة الدراسية

☐ ا) نهاية ☐ ج) أول

☐ ب) بداية ☐ د) وسط

. . . .

تمرين رقم (٨٨) - Exercise (88)

حل التمرين، صفحة ٢٢٤ - Corrections, Page 224

١) من هما ــــــ الآنستان هناك ؟

☐ ا) تينك ☐ ج) هاتين

☐ ب) تانك ☐ د) هاتان

. . . .

٢) يقيم ــــــ في المدينة الجامعية.

☐ ا) معظم الطلاب ☐ ج) المعظم طلاب

☐ ب) معظم طلاب ☐ د) المعظم الطلاب

. . . .

٣) أذهب ــــــ إلى السينما لأنه ليس لي وقت.

☐ ا) دائما ☐ ج) كثيرا

☐ ب) نادرا ☐ د) أبدا

. . . .

٤) ــــــ الطقس في فصل الخريف.

☐ ا) يتقابل ☐ ج) يقابل

☐ ب) يتقلب ☐ د) يستقبل

. . . .

Part Two

Vocabulary and Grammar

Multiple choice
and written exercises

*Exercises based on the Textbook
Dialogues Textbook I: Words of Everyday Use
/Manuel de dialogues I: Vocabulaire courant.*
Genève: Institut d'enseignement de la langue arabe
/Poésie Vivante, 1984.

Note that it is recommended to do the exercises
while studying at the same time the textbook.

Exercise (89) - تمرين رقم (٨٩)

Corrections, Page 225 - حل التمرين، صفحة ٢٢٥

١) ______ نـاديـة.

☐ أ) عملها ☐ ج) إسمها

☐ ب) جنسيتها ☐ د) وظيفتها

....

٢) أسكن في ______ .

☐ أ) مكتب ☐ ج) مدرسة

☐ ب) مطعم ☐ د) منزل

....

٣) وظيفتي ______ .

☐ أ) طبيبة ☐ ج) منظمة

☐ ب) فرنسية ☐ د) فاطمة

....

٤) ______ سويسرية.

☐ أ) وظيفتي ☐ ج) جنسيتي

☐ ب) عملي ☐ د) بلدي

....

تمرين رقم (٩٠) - Exercise (90)

حل التمرين، صفحة ٢٢٦ - Corrections, Page 226

١) لست متزوجة؛ أنا ______ .

☐ أ) موظفة ☐ ج) عازبة

☐ ب) بريطانية ☐ د) طبيبة

. . . .

٢) ______ طفلة صغيرة.

☐ أ) تبنيت ☐ ج) تمنيت

☐ ب) تقلبت ☐ د) تغيرت

. . . .

٣) ______ إبنه بمدرسة دولية.

☐ أ) يذهب ☐ ج) يسكن

☐ ب) يعود ☐ د) يلتحق

. . . .

٤) لم أنقل؛ ______ أسكن هنا.

☐ أ) لم أعد ☐ ج) ما زلت

☐ ب) لم تعد ☐ د) ما زلنا

. . . .

Exercise (91) - تمرين رقم (٩١)

Corrections, Page 227 - حل التمرين، صفحة ٢٢٧

١) ـــــــ بصديقي في الهاتف تقريبا كل يوم.

☐ أ) أصل ☐ ج) أتصل

☐ ب) أعمل ☐ د) أعرف

....

٢) أنا طالبة، ـــــــ دراسات في الجامعة.

☐ أ) أدرس ☐ ج) أتعلم

☐ ب) أعمل ☐ د) أتابع

....

٣) لا أكتب إلى صديقي لأنني لا أعرف ـــــــ .

☐ أ) اسمه ☐ ج) عنوانه

☐ ب) عمله ☐ د) جنسيته

....

٤) ـــــــ الناس يومي السبت والأحد.

☐ أ) يعمل ☐ ج) يبدأ

☐ ب) يستريح ☐ د) يسكن

....

Exercise (92) - تمرين رقم (٩٢)

Corrections, Page 228 - حل التمرين، صفحة ٢٢٨

١) يسرني أن ــــــــك إلى أسرتي.

☐ أ) أفهم ☐ ج) أرى

☐ ب) أقدم ☐ د) أسمع

....

٢) بودي أن ــــــــ إلى تناول طعام الغداء معي غدا.

☐ أ) أستقبلك ☐ ج) أدعوك

☐ ب) أشكرك ☐ د) أقابلك

....

٣) ــــــــ على قبولك دعوتي إلى طعام العشاء.

☐ أ) أقدمك ☐ ج) أشكرك

☐ ب) أستقبلك ☐ د) أعرفك

....

٤) ــــــــ يعمل هنا؛ يعمل في المطار الآن.

☐ أ) مازال ☐ ج) لم أعد

☐ ب) لم يعد ☐ د) لا يزال

....

Exercise (93) - تمرين رقم (٩٣)

Corrections, Page 229 - حل التمرين، صفحة ٢٢٩

١) يقيم في هذه العمارة، ولكنه لا يقيم في ______ .

- ☐ أ) هذا البلد
- ☐ ب) هذه المدينة
- ☐ ج) هذا الشارع
- ☐ د) هذا الطابق

. . . .

٢) ______ تعمل في اليوم ؟

- ☐ أ) كم ساعة
- ☐ ب) كم ساعات
- ☐ ج) كم الساعة
- ☐ د) كم الساعات

. . . .

٣) الساعة الآن ______ .

- ☐ أ) العشرة
- ☐ ب) عشرة
- ☐ ج) العاشرة
- ☐ د) عاشرة

. . . .

٤) أتكلم ثلاث لغات ______ .

- ☐ أ) أجنبيات
- ☐ ب) أجنبياتاً
- ☐ ج) أجنبيةً
- ☐ د) أجنبيةٍ

. . . .

Exercise (94) - تمرين رقم (٩٤)

Corrections, Page 230 - حل التمرين، صفحة ٢٣٠

١) أعمل ـــــــــ أيام في الأسبوع.

☐ أ) خمسة ☐ ج) خمس

☐ ب) الخمسة ☐ د) الخمس

. . . .

٢) ـــــــــ تذهبين الآن ؟

☐ أ) أين ☐ ج) إلى أين

☐ ب) من أين ☐ د) كم

. . . .

٣) نقلت ـــــــــ الضاحية.

☐ أ) على ☐ ج) ب

☐ ب) في ☐ د) إلى

. . . .

٤) ـــــــــ لك نهارا سعيدا.

☐ أ) أتمنى ☐ ج) أتبنى

☐ ب) أقبل ☐ د) أقدم

. . . .

Exercise (95) - (٩٥) تمرين رقم

Corrections, Page 231 - ٢٣١ حل التمرين، صفحة

١) يـوم الـعطلة بـالـنسبـة لـلمسلمـين هـو يـوم ______ .

☐ أ) الخميس ☐ ج) الأحد

☐ ب) الجمعة ☐ د) السبت

. . . .

٢) يـوم الأحد هـو يـوم عـطلة بـالـنسبـة لـ ______ .

☐ أ) المسيحيين ☐ ج) المسلمين

☐ ب) اليهود ☐ د) البوذيين

. . . .

٣) اليوم يـوم الأربعاء؛ أمس كان يـوم ______ .

☐ أ) الخميس ☐ ج) الإثنين

☐ ب) الجمعة ☐ د) الثلاثاء

. . . .

٤) اليوم يـوم الخميس؛ ______ سيكون يـوم الجمعة.

☐ أ) أمس ☐ ج) أول أمس

☐ ب) غدا ☐ د) بعد غد

. . . .

تمرين رقم (٩٦) - Exercise (96)

حل التمرين، صفحة ٢٣٢ - Corrections, Page 232

١) كل بلد ـــــــــ بعيده الوطني.

☐ أ) يلتحق ☐ ج) يستقبل

☐ ب) يحتفل ☐ د) يحب

....

٢) أبدأ العمل في الثامنة صباحا وزميلي يبدأ بعدي أي في ـــــــــ .

☐ أ) السادسة ☐ ج) الواحدة

☐ ب) التاسعة ☐ د) السابعة

....

٣) أعمل أربع ساعات في الصباح، أي من الثامنة إلى ـــــــــ .

☐ أ) العاشرة ☐ ج) الثانية عشرة

☐ ب) التاسعة ☐ د) الحادية عشرة

....

٤) أتوقف عن العمل ربع ساعة لكي ـــــ فنجانا من القهوة.

☐ أ) أتناول ☐ ج) آكل

☐ ب) أتعشى ☐ د) أبدأ

....

Exercise (97) - تمرين رقم (٩٧)

Corrections, Page 233 - حل التمرين، صفحة ٢٣٣

١) أقوم من النوم مبكرا/مبكرة ______ .

☐ أ) في المساء ☐ ج) في الصباح

☐ ب) عند الظهر ☐ د) بعد الظهر

....

٢) أتناول طعام الفطور ______ .

☐ أ) عند الظهر ☐ ج) في الصباح

☐ ب) بعد الظهر ☐ د) في الليل

....

٣) ______ عند الظهر.

☐ أ) أتمنى ☐ ج) أتبنى

☐ ب) أتعشى ☐ د) أتغدى

....

٤) ______ العمل في الساعة الثانية بعد الظهر.

☐ أ) أستأنف ☐ ج) أنتهي

☐ ب) أكمل ☐ د) أتصل

....

تمرين رقم (٩٨) - Exercise (98)

حل التمرين، صفحة ٢٣٤ - Corrections, Page 234

١) أتعشى في الساعة ______ مساء.

☐ أ) الثامنة ☐ ج) الواحدة

☐ ب) الثالثة ☐ د) الثانية

....

٢) ______ عملي في الصباح في التاسعة إلا ربعا.

☐ أ) أستريح ☐ ج) أبدأ

☐ ب) أنتهي ☐ د) أحب

....

٣) ______ من عملي على أبعد تقدير في السادسة مساء.

☐ أ) أنتهي ☐ ج) أبدأ

☐ ب) أستأنف ☐ د) أستريح

....

٤) ______ الشمس في الصباح.

☐ أ) تصل ☐ ج) تذهب

☐ ب) تطلع ☐ د) تغرب

....

Exercise (99) - تمرين رقم (٩٩)

Corrections, Page 235 - حل التمرين، صفحة ٢٣٥

١) تغرب الشمس ______ .

☐ أ) في الصباح ☐ ج) في المساء

☐ ب) عند منتصف الليل ☐ د) عند منتصف النهار

. . . .

٢) يختلف طلوع الشمس وغروبها بحسب ______ .

☐ أ) السنوات ☐ ج) الفصول

☐ ب) القرون ☐ د) العقود

. . . .

٣) أذهب إلى الفراش بضع ساعات ______ .

☐ أ) قبل طلوع الشمس ☐ ج) بعد غروب الشمس

☐ ب) عند الظهر ☐ د) قبل غروب الشمس

. . . .

٤) أتعشى ______ الذهاب إلى الفراش.

☐ أ) خلال ☐ ج) حول

☐ ب) قبل ☐ د) بعد

. . . .

تمرين رقم (١٠٠) - Exercise (100)

حل التمرين، صفحة ٢٣٦ - Corrections, Page 236

١) يتغير ______ عند منتصف الليل.

☐ أ) كل شيء ☐ ج) الجو

☐ ب) التاريخ ☐ د) المناخ

. . . .

٢) الطقس بارد في فصل ______ .

☐ أ) الشتاء ☐ ج) الصيف

☐ ب) الخريف ☐ د) الربيع

. . . .

٣) الطقس ______ في فصل الصيف.

☐ أ) معتدل ☐ ج) منعش

☐ ب) بارد ☐ د) حار

. . . .

٤) ليس المناخ رطبا اليوم؛ هو ______

☐ أ) معتدل ☐ ج) منعش

☐ ب) بارد ☐ د) جاف

. . . .

Exercise (101) - تمرين رقم (١٠١)

Corrections, Page 237 - حل التمرين، صفحة ٢٣٧

١) يبدأ فصل الربيع في شهر ______ .

☐ أ) أيار ☐ ج) آذار

☐ ب) شباط ☐ د) حزيران

. . . .

٢) أقصر شهر في السنة هو شهر ______ .

☐ أ) شباط ☐ ج) تموز

☐ ب) آب ☐ د) أيلول

. . . .

٣) ينتهي فصل الخريف في شهر ______ .

☐ أ) تشرين الثاني ☐ ج) كانون الأول

☐ ب) نيسان ☐ د) أيلول

. . . .

٤) تفتح المدارس والجامعات أبوابها في فصل ______ .

☐ أ) الربيع ☐ ج) الصيف

☐ ب) الشتاء ☐ د) الخريف

. . . .

تمرين رقم (١٠٢) - Exercise (102)

حل التمرين، صفحة ٢٣٨ - Corrections, Page 238

١) الشهر العربي القمري التاسع هو شهر ______ .

☐ أ) صفر
☐ ب) ذو القعدة
☐ ج) ربيع الثاني
☐ د) رمضان

. . . .

٢) شعبان هو شهر عربي ______ .

☐ أ) شمسي
☐ ب) قمري
☐ ج) ثالث
☐ د) خامس

. . . .

٣) الشرق أمامي و ______ خلفي .

☐ أ) الشمال
☐ ب) الشمال الشرقي
☐ ج) الغرب
☐ د) الجنوب

. . . .

٤) الجنوب على يساري والشمال ______ .

☐ أ) على شمالي
☐ ب) خلفي
☐ ج) أمامي
☐ د) على يميني

. . . .

Exercise (103) - تمرين رقم (١٠٣)

Corrections, Page 239 - حل التمرين، صفحة ٢٣٩

١) تطلع الشمس من ______ .

☐ أ) الجنوب ☐ ج) الشمال

☐ ب) الشرق ☐ د) الغرب

. . . .

٢) تدور الأرض حول ______ مرة في السنة.

☐ أ) القمر ☐ ج) الشمس

☐ ب) نفسها ☐ د) المريخ

. . . .

٣) الأرض ______ .

☐ أ) مستطيلة ☐ ج) مربعة

☐ ب) مسطحة ☐ د) كروية الشكل

. . . .

٤) ______ القمر نور الشمس على الأرض.

☐ أ) يدور ☐ ج) يعكس

☐ ب) يطلع ☐ د) يغرب

. . . .

Exercise (104) - تمرين رقم (١٠٤)

Corrections, Page 240 - حل التمرين، صفحة ٢٤٠

١) تبدو الشمس وكأنها صغيرة، ولكنها في الواقع ______ جدا.

- ☐ أ) جديدة
- ☐ ب) قريبة
- ☐ ج) باردة
- ☐ د) كبيرة

....

٢) الدم ______ اللون.

- ☐ أ) أسود
- ☐ ب) أحمر
- ☐ ج) أزرق
- ☐ د) أبيض

....

٣) ______ أبيض اللون.

- ☐ أ) الشاي
- ☐ ب) القهوة
- ☐ ج) البن
- ☐ د) الثلج

....

٤) ______ خضراء في فصل الربيع.

- ☐ أ) الطقس
- ☐ ب) الطبيعة
- ☐ ج) السماء
- ☐ د) المناخ

....

Exercise (105) - تمرين رقم (١٠٥)

Corrections, Page 241 - حل التمرين، صفحة ٢٤١

١) ليس لـ ـــــــ لون ولا شكل ولا رائحة.

☐ أ) الدم ☐ ج) الماء

☐ ب) القهوة ☐ د) الشاي

. . . .

٢) ليست زميلتها في العمل شقراء؛ هي ـــــــ .

☐ أ) رمادية ☐ ج) خضراء

☐ ب) بنفسجية ☐ د) سمراء

. . . .

٣) هذه السيدة عمتي، أي هي ـــــــ .

☐ أ) أخت أمي ☐ ج) بنت أخي

☐ ب) أخت أبي ☐ د) بنت أختي

. . . .

٤) هذا الصبي إبن أختي، أي أنا ـــــــ .

☐ أ) عمه ☐ ج) حفيده

☐ ب) خاله ☐ د) جده

. . . .

Exercise (106) - تمرين رقم (١٠٦)

حل التمرين، صفحة ٢٤٢ - Corrections, Page 242

١) آكل وأشرب عندما ______ .

☐ أ) أنعس وأتعب ☐ ج) أستريح وأنام

☐ ب) أجوع وأعطش ☐ د) أشبع وأتعب

. . . .

٢) أريد أن أنام لأنني ______ .

☐ أ) عطشان/عطشى ☐ ج) تعبان/تعبى

☐ ب) نعسان/نعسى ☐ د) شبعان/شبعى

. . . .

٣) شعرت بالتعب أمس لأنني لم ______ .

☐ أ) أسترح ☐ ج) آكل

☐ ب) أعمل ☐ د) أشرب

. . . .

٤) أنا شبعى، لهذا أتوقف عن ______ .

☐ أ) النوم ☐ ج) القراءة

☐ ب) الأكل ☐ د) العمل

. . . .

تمرين رقم (١٠٧) - Exercise (107)

حل التمرين، صفحة ٢٤٣ - Corrections, Page 243

١) يبعد المطار عن هنا خمسة عشر ______ .

☐ أ) مترا ☐ ج) كيلوغراما

☐ ب) دقائق ☐ د) كيلومترا

. . . .

٢) أستغرق عشرين ______ للذهاب من المنزل إلى المكتب.

☐ أ) كيلومترا ☐ ج) لترا

☐ ب) دقيقة ☐ د) ساعات

. . . .

٣) ______ مائة ميل حوالي مائة وستين كيلومترا.

☐ أ) تبعد ☐ ج) تعادل

☐ ب) توجد ☐ د) تقع

. . . .

٤) عمق حوض السباحة هذا ______ .

☐ أ) كيلومتران ☐ ج) فرنكان

☐ ب) لتران ☐ د) متران

. . . .

تمرين رقم (١٠٨) - Exercise (108)

حل التمرين، صفحة ٢٤٤ - Corrections, Page 244

١) لا أجد هذه المسافة طويلة، بل ______ .

☐ أ) أستسهلها ☐ ج) أسترخصها

☐ ب) أستقصرها ☐ د) أستحسنها

. . . .

٢) أذهب إلى ______ لقضاء الحاجات.

☐ أ) المطار ☐ ج) السوق

☐ ب) المطعم ☐ د) مكتب البريد

. . . .

٣) وزن قطعة اللحم هذه ______ واحد.

☐ أ) متر ☐ ج) دولار

☐ ب) كيلومتر ☐ د) كيلوغرام

. . . .

٤) ما هي ______ الماء التي تشربها يوميا ؟

☐ أ) قطعة ☐ ج) مبلغ

☐ ب) كمية ☐ د) سعر

. . . .

تمرين رقم (١٠٩) - Exercise (109)

حل التمرين، صفحة ٢٤٥ - Corrections, Page 245

١) تحتوي هذه الزجاجة على نصف ______ من الماء.

☐ أ) اللتر ☐ ج) الكيلوغرام

☐ ب) الرطل ☐ د) الدولار

. . . .

٢) ______ البضاعة بواسطة ميزان.

☐ أ) نقيس ☐ ج) نزن

☐ ب) نشتري ☐ د) نكيل

. . . .

٣) لا يأكل النباتيون ______.

☐ أ) الخضارة ☐ ج) اللحم

☐ ب) الخبز ☐ د) الشاي

. . . .

٤) ______ هذه القطعة من النسيج ٧ أمتار طولا و ٤ أمتار عرضا.

☐ أ) ثمن ☐ ج) وزن

☐ ب) سعر ☐ د) حجم

. . . .

Exercise (110) - تمرين رقم (١١٠)

حل التمرين، صفحة ٢٤٦ - Corrections, Page 246

١) ثمن هذا الكتاب عشرون ______ .

☐ أ) مترا ☐ ج) دولارا

☐ ب) كيلوغراما ☐ د) كيولمترا

. . . .

٢) ما هو ______ الذي دفعته لشراء سيارتك ؟

☐ أ) العمل ☐ ج) الحجم

☐ ب) المبلغ ☐ د) العمق

. . . .

٣) نشتري الخضارة من عند ______ .

☐ أ) الجزار ☐ ج) البقال

☐ ب) الخباز ☐ د) الحلاق

. . . .

٤) نتمكن من معرفة عدد السكان بواسطة ______ .

☐ أ) عداد ☐ ج) الإحصاءات

☐ ب) ميزان ☐ د) مقياس

. . . .

Exercise (111) - تمرين رقم (١١١)

Corrections, Page 247 - حل التمرين، صفحة ٢٤٧

١) ما هو ــــــــ هذا الشارع ؟

☐ أ) ثمن ☐ ج) مبلغ

☐ ب) حجم ☐ د) طول

....

٢) ــــــــ هذا الفستان سبعون دولارا.

☐ أ) عدد ☐ ج) سعر

☐ ب) كمية ☐ د) مبلغ

....

٣) تسير هذه السيارة بسرعة ثمانين ــــــــ في الساعة.

☐ أ) كيلومتراتٍ ☐ ج) كيلومترٌ

☐ ب) كيلومتراً ☐ د) كيلومترٍ

....

٤) نعرف المسافة التي تقطعها السيارة بواسطة ــــ .

☐ أ) عداد ☐ ج) مقياس

☐ ب) براد ☐ د) ميزان

....

Exercise (112) - تمرين رقم (١١٢)

حل التمرين، صفحة ٢٤٨ - Corrections, Page 248

١) ما هي ــــــ بين هذه المدينة والعاصمة ؟

☐ أ) المساحة ☐ ج) الكمية

☐ ب) المسافة ☐ د) القطعة

. . . .

٢) بعض البلاد أكبر ــــــ من البلاد الأخرى.

☐ أ) عمقا ☐ ج) مسافة

☐ ب) مساحة ☐ د) عددا

. . . .

٣) أدفع الثمن ــــــ لأنه ليس معي نقود.

☐ أ) دينا ☐ ج) نقدا

☐ ب) دائما ☐ د) أحيانا

. . . .

٤) أسير بسرعة في المدينة لا ــــــ أربعين كيلومترا في الساعة.

☐ أ) توجد ☐ ج) تتجاوز

☐ ب) تقع ☐ د) تستغرق

. . . .

Exercise (113) - تمرين رقم (١١٣)

Corrections, Page 249 - حل التمرين، صفحة ٢٤٩

١) لا ـــــ التاجر بضاعته بنفس السعر الذي يشتريها به.

☐ أ) يقيس ☐ ج) يزن

☐ ب) يكيل ☐ د) يبيع

. . . .

٢) لا يعرف كل الناس كيف ـــــ .

☐ أ) يزنون ☐ ج) يقيسون

☐ ب) يبيعون ☐ د) يسبحون

. . . .

٣) تنخفض القوة الشرائية عندما ـــــ الأسعار.

☐ أ) تهبط ☐ ج) ترتفع

☐ ب) تنغير ☐ د) تقل

. . . .

٤) ـــــ بكم اشتريت هذا الفستان لأنني اشتريته منذ مدة طويلة.

☐ أ) نسيت ☐ ج) ذكرت

☐ ب) تذكرت ☐ د) قلت

. . . .

تمرين رقم (١١٤) - Exercise (114)

حل التمرين، صفحة ٢٥٠ - Corrections, Page 250

١) ــــــــ هذه الجامعة على ألف طالب وطالبة.

☐ أ) تحتوي ☐ ج) تقع

☐ ب) توجد ☐ د) تبعد

. . . .

٢) يبيع الجزار ــــــــ .

☐ أ) الخبز ☐ ج) اللحم

☐ ب) الخضار ☐ د) الفاكهة

. . . .

٣) هذا النسيج ــــــــ لأنه من نوع رفيع.

☐ أ) رخيص ☐ ج) جديد

☐ ب) غال ☐ د) قديم

. . . .

٤) ما ــــــــ هذا المسبح ؟

☐ أ) طول وقياس وعرض ☐ ج) وزن وقياس وحجم

☐ ب) مبلغ وكمية وقطعة ☐ د) طول وعرض وعمق

. . . .

Exercise (115) - تمرين رقم (١١٥)

Corrections, Page 251 - حل التمرين، صفحة ٢٥١

١) سعر هذا النسيج مرتفع لأنه من نوع ______ .

☐ أ) رفيع ☐ ج) متواضع

☐ ب) جديد ☐ د) قديم

. . . .

٢) لا أسترخص هذا القميص؛ على العكس ______ .

☐ أ) أستسهله ☐ ج) أستصغره

☐ ب) أستبعده ☐ د) أستغليه

. . . .

٣) ______ لأنني أظن أنك تقول الحق.

☐ أ) أفهمك ☐ ج) أعرفك

☐ ب) أصدقك ☐ د) أرافقك

. . . .

٤) يقدر ______ سكان هذه المدينة بثلاثمائة ألف نسمة.

☐ أ) مبلغ ☐ ج) عدد

☐ ب) حجم ☐ د) عمق

. . . .

تمرين رقم (١١٦) - Exercise (116)

حل التمرين، صفحة ٢٥٢ - Corrections, Page 252

١) أود أن أسألك سؤالا إذا ______ .

☐ أ) فضلت ☐ ج) سمحت

☐ ب) أحببت ☐ د) أردت

....

٢) ما هو ______ المواليد والوفيات في بلدك ؟

☐ أ) مبلغ ☐ ج) عدد

☐ ب) حجم ☐ د) معدل

....

٣) تكون ______ منخفضة عندما يكون مستوى المعيشة مرتفعا.

☐ أ) المقاييس ☐ ج) الموازين

☐ ب) المواليد ☐ د) الوفيات

....

٤) يعود ارتفاع معدل الو فيات في بعض البلاد إلى ______ .

☐أ) العلاج الصحي الكافي ☐ب) انعدام الأمراض

☐ ب) سوء التغذية ☐ د) ارتفاع مستوى المعيشة

....

Exercise (117) - تمرين رقم (١١٧)

Corrections, Page 253 - حل التمرين، صفحة ٢٥٣

١) خمسة ــــــــ أربعة يساوي تسعة.

☐ أ) مضروب في ☐ ب) مقسوم على

☐ ب) ناقص ☐ د) زائد

....

٢) العلامة + (زائد) هي علامة ــــــــ .

☐ أ) الضرب ☐ ب) القسمة

☐ ب) الجمع ☐ د) الطرح

....

٣) االعلامة √ تعني ــــــــ .

☐ أ) مضروب في ☐ ب) مقسوم على

☐ ب) ناقص ☐ د) زائد

....

٤) ــــــــ ناقص أربعة يساوي ثمانية.

☐ أ) إثنان وثلاثون ☐ ب) إثنا عشر

☐ ب) إثنان ☐ د) خمسة

....

تمرين رقم (١١٨) - Exercise (118)

حل التمرين، صفحة ٢٥٤ - Corrections, Page 254

١) الجمع علامته هي ـــــــ .

☐ أ) (-) ناقص ☐ ج) (X) مضروب في

☐ ب) (+) زائد ☐ د) (√) مقسوم على

. . . .

٢) ـــــــ مضروب في خمسة يساوي عشرين.

☐ أ) مائة ☐ ج) أربعة

☐ ب) خمسة وعشرون ☐ د) خمسة عشر

. . . .

٣) ثمانية وأربعون ـــــ أربعة يساوي إثني عشر.

☐ أ) ناقص ☐ ج) زائد

☐ ب) مقسوم على ☐ د) مضروب في

. . . .

٤) ثلاثة زائد أربعة يساوى سبعة هى عملية ـــــ .

☐ أ) الطرح ☐ ج) الجمع

☐ ب) الضرب ☐ د) القسمة

. . . .

تمرين رقم (١١٩) - Exercise (119)

حل التمرين، صفحة ٢٥٥ - Corrections, Page 255

١) إلى أين ـــــــ أن تسافري هذه السنة ؟

☐ أ) تنوي ☐ ج) تنوين

☐ ب) تنويين ☐ د) تنون

....

٢) بودي أن أسافر إلى ـــــــ الأوسط.

☐ أ) الشمال ☐ ج) الجنوب

☐ ب) الغرب ☐ د) الشرق

....

٣) ليست هذه ـــــــ أسافر فيها إلى بلد عربي.

☐ أ) أول مرة ☐ ج) الأول مرة

☐ ب) أولى مرة ☐ د) الأولى مرة

....

٤) نحتاج إلى ـــــــ للسفر إلى بلد أجنبي.

☐ أ) كتب ☐ ج) ورق

☐ ب) جواز سفر ☐ د) كل شيء

....

Exercise (120) - (تمرين رقم (١٢٠

Corrections, Page 256 - حل التمرين، صفحة ٢٥٦

١) يجب أن نشتري ـــــــــ قبل أن نسافر.

☐ أ) جواز سفر ☐ ج) تذكرة

☐ ب) تأشيرة ☐ د) أوراقا

....

٢) تصدر ـــــــــ التأشيرات.

☐ أ) المطارات والمحطات ☐ ج) مكاتب السفر

☐ ب) المدارس والجامعات ☐ د) القنصليات والسفارات

....

٣) ـــــــــ إلى البلاد العربية.

☐ أ) سبق أن سافرت ☐ ج) سبق أن أسافر

☐ ب) يسبق أن سافرت ☐ د) يسبق أن أسافر

....

٤) لا أسافر بمفردي، أسافر ـــــــــ .

☐ أ) لوحدي ☐ ج) برفقة أحد

☐ ب) بنفسي ☐ د) معي

....

Exercise (121) - تمرين رقم (١٢١)

حل التمرين، صفحة ٢٥٧ - Corrections, Page 257

١) نري جوازاتنا وتأشيراتنا في ______ .

☐ أ) الشارع ☐ ج) الجمارك

☐ ب) كل مكان ☐ د) المحطة

. . . .

٢) لا نستطيع أن نعبر ______ بدون جواز سفر.

☐ أ) الحدود ☐ ج) الشارع

☐ ب) النهر ☐ د) الطريق

. . . .

٣) السفر بدون جواز سفر غير صالح ______ .

☐ أ) واقعي ☐ ج) غير واقعي

☐ ب) قانوني ☐ د) غير قانوني

. . . .

٤) لا يمكن السفر من أوروبا إلى أمريكا بـ ______ .

☐ أ) الباخرة ☐ ج) السفينة

☐ ب) القطار ☐ د) الطائرة

. . . .

تمرين رقم (١٢٢) - Exercise (122)

حل التمرين، صفحة ٢٥٨ - Corrections, Page 258

١) ـــــــ وسيلة من وسائل النقل القديمة.

☐ أ) الشاحنة ☐ ج) الحافلة

☐ ب) الطائرة ☐ د) الباخرة

. . . .

٢) نقطع التذاكر من ـــــــ .

☐ أ) مطعم المحطة ☐ ج) شباك التذاكر

☐ ب) دكان المطار ☐ د) مكتب البريد

. . . .

٣) عندما نذهب في عطلة نقطع التذاكر ـــــــ .

☐ أ) فقط ذهابا ☐ ج) فقط إيابا

☐ ب) ذهابا وإيابا ☐ د) ذهابا أو إيابا

. . . .

٤) نركب السفينة في ـــــــ .

☐ أ) الميناء ☐ ج) فى أي مكان

☐ ب) المحطة ☐ د) المطار

. . . .

Exercise (123) - تمرين رقم (١٢٣)

Corrections, Page 259 - حل التمرين، صفحة ٢٥٩

١) أريد أن ______ مقعدا في القطار، من فضلك.

☐ أ) أقطع ☐ ج) أحجز

☐ ب) أشتري ☐ د) أبيع

. . . .

٢) قطع تذكرة قبل السفر شيء ______ .

☐ أ) ضروري ☐ ج) غير ممكن

☐ ب) غير ضروري ☐ د) واقعي

. . . .

٣) ليس هذا المقعد شاغرا؛ هو ______ .

☐ أ) ضروري ☐ ج) قديم

☐ ب) محجوز ☐ د) جديد

. . . .

٤) لم أقطع التذكرة بعد؛ أقطعها في ______ .

☐ أ) الأسبوع الماضي ☐ ج) أول أمس

☐ ب) صباح أمس ☐ د) الأسبوع القادم

. . . .

Exercise (124) - تمرين رقم (١٢٤)

Corrections, Page 260 - حل التمرين، صفحة ٢٦٠

١) لا أستطيع الانتظار طويلا لأنه ______ .

☐ أ) ليس لي وقت ☐ ج) ليس معي نقود

☐ ب) لي وقت ☐ د) معي نقود

....

٢) لم ______ بعد إلى الشرق الأوسط.

☐ أ) أسافرْ ☐ ج) أسافرُ

☐ ب) سافرت ☐ د) أسافرَ

....

٣) يمكنكن أن ______ في المكتب إذا أردتن.

☐ أ) تنتظرن ☐ ج) تنتظرون

☐ ب) تنتظروا ☐ د) تنتظرين

....

٤) سأسافر ______ .

☐ أ) الشهرُ القادمُ ☐ ج) الشهرَ القادمُ

☐ ب) الشهرِ القادمُ ☐ د) الشهرَ القادمَ

....

تمرين رقم (١٢٥) - Exercise (125

حل التمرين، صفحة ٢٦١ - Corrections, Page 261

١) فاتني القطار لأنني وصلت إلى المحطة ______ .

☐ أ) قبل الوقت ☐ ج) مبكرة

☐ ب) في الوقت ☐ د) متأخرا

. . . .

٢) سنذهب معا إلى المدينة ______ .

☐ أ) إذا تنتظرونني ☐ ج) إذا ستنتظرني

☐ ب) إذا انتظرتني ☐ د) إذا تنتظرني

. . . .

٣) أفضل الطائرة ______ القطار وإن كانت أغلى.

☐ أ) إلى ☐ ج) على

☐ ب) في ☐ د) عن

. . . .

٤) الطائرة ______ بكثير من القطار.

☐ أ) أسرع وأغلى ☐ ج) أسرع وأرخص

☐ ب) أبطأ وأغلى ☐ د) أبطأ وأرخص

. . . .

تمرين رقم (١٢٦) - Exercise (126)

حل التمرين، صفحة ٢٦٢ - Corrections, Page 262

١) القطار ______ من الطائرة.

☐ أ) أغلى وأسرع ☐ ج) أرخص وأسرع

☐ ب) أغلى وأبطأ ☐ د) أرخص وأبطأ

....

٢) لست مستعجلة ______ لدي متسع من الوقت.

☐ أ) بعبارة أخرى ☐ ج) على أبعد تقدير

☐ ب) وإن كنت ☐ د) إلا إذا كنت

....

٣) لا أحب السفر بالسفينة، ______، لأنها بطيئة جدا.

☐ أ) بعبارة أخرى ☐ ج) على أبعد تقدير

☐ ب) والحق يقال ☐ د) على أقرب تقدير

....

٤) عندما لا يكون لدي متسع من الوقت أركب ______.

☐ أ) أسرع قطار ☐ ج) أسرع القطار

☐ ب) أسرع قطارا ☐ د) القطار أسرع

....

Exercise (127) - تمرين رقم (١٢٧)

Corrections, Page 263 - حل التمرين، صفحة ٢٦٣

١) أنا ـــــــ أفضل القطار.

☐ أ) شخصي ☐ ج) شخصيا

☐ ب) شخصيةٌ ☐ د) شخصيةً

. . . .

٢) يعملن في هذه المدينة ـــــــ لا يسكن فيها.

☐ أ) وإن كنتن ☐ ج) وأن كانت

☐ ب) وإن كن ☐ د) وإن كنا

. . . .

٣) لسنا ـــــــ إلى أن نسافر كل سنة.

☐ أ) مضطراتاً ☐ ج) مضطراتٍ

☐ ب) مضطرةً ☐ د) مضطرةٍ

. . . .

٤) ـــــــ هل قطعت التذكرة أم لا ؟.

☐ أ) قلي ☐ ج) قل لي

☐ ب) قول لي ☐ د) قللي

. . . .

تمرين رقم (١٢٨) - Exercise (128)

حل التمرين، صفحة ٢٦٤ - Corrections, Page 264

١) يسافر معظم الناس في ــــــــ .

☐ أ) الدرجة الثانية ☐ ج) الدرجة ثاتية

☐ ب) الثانية درجة ☐ د) الثانية الدرجة

. . . .

٢) هل ــــــــ من أن أسألكِ سؤالا ؟

☐ أ) تَرَيْنَ مانعا ☐ ج) ترينَ مانعا

☐ ب) ترَى مانعا ☐ د) تَرَيْ مانعا

. . . .

٣) يسافر كثير من الناس ــــــــ في أيامنا.

☐ أ) على الطائرة ☐ ج) في طائرة

☐ ب) بطائرة ☐ د) بالطائرة

. . . .

٤) لسنا ــــــــ ؛ لدينا متسع من الوقت .

☐ أ) مستعجلين ☐ ج) مستعجلاتُ

☐ ب) مستعجلون ☐ د) مستعجلان

. . . .

Exercises, Corrections

حلول التمارين

Exercise 1, Page 5, Corrections

حل تمرين رقم ١، صفحة رقم ٥

١) أنا ________ .

☐ ا) درس ☑ ج) تلميذ/تلميذة

☐ ب) باب ☐ د) مفتاح

أَنَا تِلْمِيذٌ / تِلْمِيذَةٌ.

٢) ________ معلمة.

☑ ا) هي ☐ ج) هذا

☐ ب) هو ☐ د) أنتَ

هِيَ مُعَلِّمَةٌ.

٣) أنتِ ________ .

☐ ا) درس ☐ ج) باب

☐ ب) ولد ☑ د) معلمة

أَنْتِ مُعَلِّمَةٌ.

٤) هو ________ .

☑ ا) معلم ☐ ج) تلميذة

☐ ب) بنت ☐ د) معلمة

هُوَ مُعَلِّمٌ.

Exercise 2, Page 6, Corrections

حل تمرين رقم ٢، صفحة رقم ٦

١) هـو ________ .

☑ ا) ولد ☐ ج) بنـت

☐ ب) درس ☐ د) مـعلمـة

هُوَ وَلَدٌ.

٢) يفتـح الـولد ________ .

☐ ا) الـدرس ☐ ج) المعلم

☑ ب) الـبـاب ☐ د) الـتـلمـيذة

يَفْتَحُ الْوَلَدُ الْبَابَ.

٣) أنـا ______ الـبـاب.

☐ ا) تـفـتـحـين ☐ ج) يـفـتـح

☑ ب) أفـتـح ☐ د) تـفـتـح

أَنَا أَفْتَحُ الْبَابَ.

٤) ______ تـفـتـح الـبـاب.

☐ ا) أنـتِ ☐ ج) أنـا

☐ ب) هـو ☑ د) أنـتَ

أَنْتَ تَفْتَحُ الْبَابَ.

Exercise 3, Page 7, Corrections

حل تمرين رقم ٣، صفحة رقم ٧

١) ______ تلميذة.

- [x] ا) أنتِ
- [ ] ب) أنتَ
- [ ] ج) هذا
- [ ] د) هذه

أَنْتِ تِلْمِيذَةٌ

٢) ______ مفتوح.

- [ ] ا) الدرس
- [x] ب) الباب
- [ ] ج) المعلم
- [ ] د) التلميذ

اَلْبَابُ مَفْتُوحٌ.

٣) ______ أفتح الباب.

- [ ] ا) أنتِ
- [ ] ب) هو
- [x] ج) أنا
- [ ] د) أنتَ

أَنَا أَفْتَحُ الْبَابَ.

٤) أنتِ ______ الباب.

- [ ] ا) يفتح
- [ ] ب) أفتح
- [ ] ج) تفتح
- [x] د) تفتحين

أَنْتِ تَفْتَحِينَ الْبَابَ.

Exercise 4, Page 8, Corrections

حل تمرين رقم ٤، صفحة رقم ٨

١) هو تلميذ؛ ليس ________ .

☑ ا) معلما ☐ ج) بابا

☐ ب) تلميذةٌ ☐ د) مفتاحا

هُوَ تِلْمِيذٌ؛ لَيْسَ مُعَلِّماً.

٢) ________ المعلمة الباب.

☐ ا) يفتح ☐ ج) أفتح

☑ ب) تفتح ☐ د) تفتحين

تَفْتَحُ الْمُعَلِّمَةُ الْبَابَ.

٣) ________ ، هذا باب.

☐ ا) ل ☐ ج) ب

☑ ب) نعم ☐ د) ليس

نَعَمْ، هَذَا بَابٌ.

٤) ليس الباب ________ .

☐ ا) مفتوحُ ☑ ج) مفتوحاً

☐ ب) مفتوحَ ☐ د) مفتوحٌ

لَيْسَ الْبَابُ مَفْتُوحاً.

Exercise 5, Page 9, Corrections

حل تمرين رقم ٥، صفحة رقم ٩

١) ________ الولد الدرس.

☐ ا) تكتب ☑ ج) يكتب

☐ ب) تفتحين ☐ د) يفتح

يَكْتُبُ الْوَلَدُ الدَّرْسَ.

٢) أفتح الباب بـ ________ .

☑ ا) المفتاح ☐ ج) الفصل

☐ ب) القلم ☐ د) المفتوح

أَفْتَحُ الْبَابَ بِالْمِفْتَاحِ.

٣) يكتب المعلم ________ بالقلم.

☐ ا) الباب ☐ ج) الفصل

☑ ب) الدرس ☐ د) المفتاح

يَكْتُبُ الْمُعَلِّمُ الدَّرْسَ بِالْقَلَمِ.

٤) تفتح البنت ________ .

☐ ا) باباً ☑ ج) البابَ

☐ ب) البابُ ☐ د) البابِ

تَفْتَحُ الْبِنْتُ الْبَابَ.

Exercise 6, Page 10, Corrections

حل تمرين رقم ٦، صفحة رقم ١٠

١) يكتب الدرس ــــــــــــ .

☐ ا) التلميذَ ☐ ج) التلميذٌ

☐ ب) تلميذٌ ☑ د) التلميذُ

يَكْتُبُ الدَّرْسَ التِّلْمِيذُ.

٢) هذا ــــــــ الفصل.

☑ ا) بابُ ☐ ج) بابٌ

☐ ب) البابُ ☐ د) البابٌ

هَذَا بَابُ الْفَصْلِ.

٣) هي بنت ــــــــ .

☐ ا) المعلمةُ ☐ ج) معلمة

☐ ب) المعلمةَ ☑ د) المعلمةِ

هِيَ بِنْتُ الْمُعَلِّمَةِ.

٤) التلميذ والمعلم ــــــــ الفصل.

☑ ا) في ☐ ج) أيضا

☐ ب) ب ☐ د) لا

اَلتِّلْمِيذُ وَالْمُعَلِّمُ فِي الْفَصْلِ.

Exercise 7, Page 11, Corrections

حل تمرين رقم ٧، صفحة رقم ١١

١) ______ الفصل معلم وتلميذ.

☐ ا) مع　　☐ ج) ب

☐ ب) أيضا　　☑ د) في

فِي الْفَصْلِ مُعَلِّمٌ وَتِلْمِيذٌ.

٢) تكتب ______ .

☐ ا) الدرس ثالثا　　☐ ج) الثالث الدرس

☑ ب) الدرس الثالث　　☐ د) ثالثا درسا

تَكْتُبُ الدَّرْسَ الثَّالِثَ.

٣) يكتب درسـ ______ .

☐ ا) ـها　　☐ ج) ـي

☑ ب) ـه　　☐ د) ـك

يَكْتُبُ دَرْسَهُ.

٤) تفتحين باب فصلـ ______ .

☐ ا) ـكَ　　☑ ج) ـك

☐ ب) ـي　　☐ د) ـهَا

تَفْتَحِينَ بَابَ فَصْلِكِ.

Exercise 8, Page 12, Corrections

حل تمرين رقم ٨، صفحة رقم ١٢

١) تـجلس البنت مع معلمتـ ــــــــ .

☐ أ) ـي ☐ ج) ـه

☐ ب) ـك ☑ د) ـها

تَجْلِسُ الْبِنْتُ مَعَ مُعَلِّمَتِها.

٢) ــــــــ درسي.

☐ ا) تكتب ☐ ج) يكتب

☑ ب) أكتب ☐ د) تكتبين

أَكْتُبُ دَرْسِي.

٣) ــــــــ باب فصلكَ.

☐ ا) أفتح ☑ ج) تفتح

☐ ب) يفتح ☐ د) تفتحين

تَفْتَحُ بَابَ فَصْلِكَ.

٤) هي معلمة، ليست ــــــــ .

☐ ا) تلميذةٌ ☑ ج) كاتبةً

☐ ب) كاتباً ☐ د) تلميذاً

هِيَ مُعَلِّمَةٌ ؛ لَيْسَتْ كَاتِبَةً.

Exercise 9, Page 13, Corrections

حل تمرين رقم ٩، صفحة رقم ١٣

١) ______ الولد على الكرسي.

☐ ا) تكتب ☐ ج) يفتح

☑ ب) يجلس ☐ د) يتكلم

يَجْلِسُ الْوَلَدُ عَلَى الْكُرْسِيِّ.

٢) ليس هذا كرسيا؛ هذه ______ .

☐ ا) باب ☐ ج) قلم

☐ ب) مفتاح ☑ د) كنبة

لَيْسَ هَذَا كُرْسِيّاً؛ هَذِهِ كَنَبَةٌ.

٣) ليس المعلم ______ في الفصل.

☑ ا) الجديدُ ☐ ج) جديدَ

☐ ب) جديدٌ ☐ د) جديد

لَيْسَ الْمُعَلِّمُ الْجَدِيدُ فِي الْفَصْلِ.

٤) يجلس المعلم ______ التلاميذ.

☐ ا) في ☑ ج) أمام

☐ ب) ب ☐ د) على

يَجْلِسُ الْمُعَلِّمُ أَمَامَ التَّلامِيذِ.

Exercise 10, Page 14, Correction

حل تمرين رقم ١٠، صفحة رقم ١٤

١) يتكلم التلميذ ــــــــ درسه.

☐ ا) مع ☐ ج) على

☑ ب) عن ☐ د) ب

يَتَكَلَّمُ التِّلْمِيذُ عَنْ دَرْسِهِ.

٢) تتكلم المعلمة ــــــــ التلميذة.

☑ ا) مع ☐ ج) ب

☐ ب) على ☐ د) في

تَتَكَلَّمُ الْمُعَلِّمَةُ مَعَ التِّلْمِيذَةِ.

٣) أجلس على كرسي ــــــــ على كنبة.

☐ ا) أيضا ☑ ج) أو

☐ ب) في ☐ د) عن

أَجْلِسُ عَلَى كُرْسِيٍّ أَوْعَلَى كَنَبَةٍ.

٤) ــــــــ في فصلنا.

☐ ا) أنا ☐ ج) أنتَ

☑ ب) نحن ☐ د) هو

نَحْنُ فِي فَصْلِنَا.

Exercise 11, Page 15, Corrections

حل تمرين رقم ١١، صفحة رقم ١٥

١) نحن ــــــــــ معلم جديد.

☐ ا) لك ☐ ج) لي

☐ ب) له ☑ د) لنا

نَحْنُ لَنَا مُعَلِّمٌ جَدِيدٌ.

٢) يتكلم الولد مع ــــــــــ.

☐ ا) الصديقه ☐ ج) صديقُهُ

☐ ب) الصديقَهُ ☑ د) صديقِهِ

يَتَكَلَّمُ الْوَلَدُ مَعَ صَدِيقِهِ.

٣) هذه ــــــــــ.

☐ ا) الكنبةٌ ☑ ج) كنبةٌ

☐ ب) كنبةُ ☐ د) الكنبةٌ

هَذِهِ كَنَبَةٌ.

٤) أجلس على هذا ــــــــــ.

☐ ا) الكرسيٍّ ☑ ج) الكرسيِّ

☐ ب) الكرسيُّ ☐ د) كرسيٍّ

أَجْلِسُ عَلَى هَذَا الْكُرْسِيِّ.

Exercise 12, Page 16, Corrections

حل تمرين رقم ١٢، صفحة رقم ١٦

١) تَكَلَّمْ ــــــــ ، من فَضْلِك.

☐ ا) يوم ☑ ج) ببطء

☐ ب) أمام ☐ د) أو

تَكَلَّمْ بِبُطْءٍ، مِنْ فَضْلِكَ.

٢) ــــــــ مع معلمنا.

☐ ا) تكلمتُ ☐ ج) تكلمتَ

☐ ب) تكلمتْ ☑ د) تكلمنا

تَكَلَّمْنَا مَعَ مُعَلِّمِنَا.

٣) هذا هو ولد المعلمة ــــــــ .

☐ ا) جديدٌ ☑ ج) الجديدةِ

☐ ب) جديد ☐ د) الجديدةُ

هَذَا هُوَ وَلَدُ الْمُعَلِّمَةِ الْجَدِيدَةِ.

٤) كرسي المعلم ــــــــ أسود.

☑ ا) الجديدُ ☐ ج) جديدٍ

☐ ب) جديدٌ ☐ د) الجديدَ

كُرْسِيُّ الْمُعَلِّمِ الْجَدِيدُ أَسْوَدُ.

Exercise 13, Page 17, Corrections

حل تمرين رقم ١٣ ، صفحة رقم ١٧

١) ________ لغة جديدة.

☐ ا) نجلس ☑ ج) نتعلم

☐ ب) نكتب ☐ د) نفتح

نَتَعَلَّمُ لُغَةً جَدِيدَةً.

٢) ليس معلما؛ هو ________ .

☑ ا) طالب ☐ ج) صديق

☐ ب) ولد ☐ د) زميل

لَيْسَ مُعَلِّماً؛ هُوَ طَالِبٌ.

٣) ليس هذا الرجل من هذا البلد؛ هو ________ .

☐ ا) معلم ☐ ج) طالب

☑ ب) أجنبي ☐ د) جديد

لَيْسَ هَذَا الرَّجُلُ مِنْ هَذَا الْبَلَدِ؛ هُوَ أَجْنَبِيٌّ.

٤) ليست ________ التي نتعلمها صعبة جدا.

☐ ا) لغةٌ ☐ ج) اللغةَ

☑ ب) اللغةُ ☐ د) لغةً

لَيْسَتِ اللُّغَةُ الَّتِي نَتَعَلَّمُهَا صَعْبَةً جِدّاً.

Exercise 14, Page 18, Corrections

حل تمرين رقم ١٤، صفحة رقم ١٨

١) يتكلم العربية ــــــــــ لأنه عربي.

☐ ا) ببطء ☑ ج) جيدا

☐ ب) أمام ☐ د) أيضا

يَتَكَلَّمُ الْعَرَبِيَّةَ جَيِّداً لِأَنَّهُ عَرَبِيٌّ.

٢) تتعلمون العربية ــــــــــ لا تعرفونها.

☐ ا) لأنه ☐ ج) لأننا

☐ ب) لأنها ☑ د) لأنكم

تَتَعَلَّمُونَ الْعَرَبِيَّةَ لِأَنَّكُمْ لا تَعْرِفُونَهَا.

٣) ــــــــــ ؟ نحن طلاب.

☑ ا) مَن أنتم ☐ ج) مِن أنتم

☐ ب) أين أنتم ☐ د) من أنت

مَنْ أَنْتُمْ ؟ نَحْنُ طُلَّابٌ.

٤ ــــــــــ مع معلمكم.

☐ ا) نجلس ☐ ج) يجلس

☑ ب) تجلسون ☐ د) تجلسين

تَجْلِسُونَ مَعَ مُعَلِّمِكُمْ.

Exercise 15, Page 19, Corrections

حل تمرين رقم ١٥، صفحة رقم ١٩

١) يعرف هذا الرجل هذه المرأة لأنها ــــــ في الفصل.

☐ ا) معلمته ☑ ج) زميلته

☐ ب) تلميذته ☐ د) صديقته

يَعْرِفُ هَذَا الرَّجُلُ هَذِهِ الْمَرْأَةَ لِأَنَّهَا زَمِيلَتُهُ فِي الْفَصْلِ.

٢) هو معلم العربية ــــــــــ.

☐ ا) الجديدِ ☐ ج) الجديدَ

☐ ب) الجديدةُ ☑ د) الجديدُ

هُوَ مُعَلِّمُ الْعَرَبِيَّةِ الْجَدِيدُ.

٣) ــــــــ درسكم اليوم.

☑ ا) كتبتم ☐ ج) كتبتَ

☐ ب) كتبنا ☐ د) كتبتُ

كَتَبْتُمْ دَرْسَكُمْ اَلْيَوْمَ.

٤) لا يتكلم العربية ــــــ لأنه ليس عربيا.

☐ ا) أيضا ☐ ج) ببطء

☑ ب) بطلاقة ☐ د) الآن

لَا يَتَكَلَّمُ الْعَرَبِيَّةَ بِطَلَاقَةٍ لِأَنَّهُ لَيْسَ عَرَبِيّاً.

Exercise 16, Page 20, Corrections

حل تمرين رقم ١٦ ، صفحة رقم ٢٠

١) ليس صديقي ــــــــ هذه المدينة.

☐ ا) على ☐ ج) ل

☑ ب) من ☐ د) ب

لَيْسَ صَدِيقِي مِنْ هَذِهِ الْمَدِينَةِ.

٢) ــــــــ درسك الجديد.

☐ ا) يكتب ☑ ج) أُكتب

☐ ب) أُكتبي ☐ د) تكتبين

أُكْتُبْ دَرْسَكَ الْجَدِيدَ.

٣) ليس ــــــــ كرسي أجلس عليه.

☐ ا) هنا ☐ ج) الآن

☑ ب) هناك ☐ د) اليوم

لَيْسَ هُنَاكَ كُرْسِيٌّ أَجْلِسُ عَلَيْهِ

٤) ــــــــ هو؟ هو في البيت .

☑ ا) أين ☐ ج) مَن

☐ ب) من ☐ د) عن

أَيْنَ هُوَ ؟ هُوَ فِي الْبَيْتِ.

Exercise 17, Page 21, Corrections

حل تمرين رقم ١٧، صفحة رقم ٢١

١) ________ الطالب كتابا.

☐ ا) يتكلم ☑ ج) يقرأ

☐ ب) يجلس ☐ د) يفتح

يَقْرَأُ الطَّالِبُ كِتَاباً.

٢) ________ الذي نقرأه جديد.

☐ ا) المعلم ☐ ج) الكاتب

☐ ب) الطالب ☑ د) الكتاب

اَلْكِتَابُ الَّذِي نَقْرَأُهُ جَدِيدٌ.

٣) أين صديقك؟ لا ________ .

☑ ا) أعلم ☐ ج) أتعلم

☐ ب) أتكلم ☐ د) أكتب

أَيْنَ صَدِيقُكَ ؟ لاَ أَعْلَمُ.

٤) ليست هذه الورقة سوداء، هي ________ .

☐ ا) جديدة ☐ ج) مفتوحة

☑ ب) بيضاء ☐ د) صعبة

لَيْسَتْ هَذِهِ الْوَرَقَةُ سَوْدَاءَ؛ هِيَ بَيْضَاءُ.

Exercise 18, Page 22, Corrections

حل تمرين رقم ١٨ ، صفحة رقم ٢٢

١) ــــــــ الدرس اليوم؟ هو صعب.

☑ ا) كيف ☐ ج) مَن

☐ ب) أين ☐ د) مِن

كَيْفَ الدَّرْسُ اَلْيَوْمَ ؟ هُوَ صَعْبٌ. .

٢) ليس االطالب ــــــــ اليوم لأن الدرس صعب.

☐ ا) كبيرا ☐ ج) جديدا

☐ ب) قريبا ☑ د) مسرورا

لَيْسَ الطَّالِبُ مَسْروراً اَلْيَوْمَ لِأَنَّ الدَّرْسَ صَعْبُ.

٣) أسكن في ــــــــ .

☐ ا) مدرسة ☐ ج) مكتب

☑ ب) منزل ☐ د) فصل

أَسْكُنُ فِي مَنْزِلٍ.

٤) ــــــــ في فصلكن.

☐ ا) نحن ☐ ج) أنتم

☐ ب) هم ☑ د) أنتن

أَنْتُنَّ فِي فَصْلِكُنَّ.

Exercise 19, Page 23, Corrections

حل تمرين رقم ١٩، صفحة رقم ٢٣

١) ـــــــــــ كتابكن.

☐ ا) يقرأن ☑ ج) تقرأن

☐ ب) يقرؤون ☐ د) تقرؤون

تَقْرَأْنَ كِتَابَكُنَّ.

٢) تكتبين بقلم أسود على ـــــــــــ بيضاء.

☑ ا) ورقة ☐ ج) كرسي

☐ ب) طاولة ☐ د) كنبة

تَكْتُبِينَ بَقَلَمٍ أَسْوَدَ عَلَى وَرَقَةٍ بَيْضَاءَ.

٣) تكتبن درسـ ـــــــــــ الآن.

☐ ا) هم ☑ ج) كن

☐ ب) هن ☐ د) كم

تَكْتُبْنَ دَرْسَكُنَّ اَلْآنَ،

٤) ـــــــــــ في مدينتهم.

☐ ا) تسكنون ☐ ج) يسكنَّ

☑ ب) يسكنون ☐ د) تسكنَّ

يَسْكُنُونَ فِي مَدِينَتِهِمْ.

Exercise 20, Page 24, Corrections

حل تمرين رقم ٢٠، صفحة رقم ٢٤

١) ــــــــ وأبوه في البيت اليوم.

☐ ا) صديقه ☐ ج) زميله

☑ ب) أمه ☐ د) معلمه

أُمُّهُ وَأَبُوهُ فِي الْبَيْتِ اَلْيَوْمَ.

٢) منزله ــــــــ من المدرسة.

☐ ا) جديد ☑ ج) قريب

☐ ب) مفتوح ☐ د) كبير

مَنْزِلُهُ قَرِيبٌ مِنَ الْمَدْرَسَةِ.

٣) من هو ــــــــ الرجل؟

☐ ا) الذي ☐ ج) هذ

☐ ب) التي ☑ د) ذلك

مَنْ هُوَ ذَلِكَ الرَّجُلُ ؟

٤) تسكن مع ــــــــ .

☐ ا) الوالديك ☑ ج) والديك

☐ ب) الوالدينك ☐ د) والدينك

تَسْكُنُ مَعَ وَالِدَيْكَ.

Exercise 21, Page 25, Corrections

حل تمرين رقم ٢١، صفحة رقم ٢٥

١) نعيش و ــــــــــ في المدينة.

☐ ا) نعرف ☐ ج) نكتب

☑ ب) نعمل ☐ د) نجلس

نَعيشُ وَنَعْمَلُ فِي الْمَدِينَةِ.

٢) يعيش الولد مع ــــــــــ .

☐ ا) زميله ☐ ج) صديقه

☐ ب) معلمه ☑ د) أسرته

يَعِيشُ الْوَلَدُ مَعَ أُسْرَتِهِ.

٣) يعمل صديقه في المدينة و ــــــــــ في الريف.

☐ ا) يتكلم ☑ ج) يعيش

☐ ب) يتعلم ☐ د) يكتب

يَعْمَلُ صَدِيقُهُ فِي الْمَدِينَةِ وَيَعِيشُ فِي الرِّيفِ.

٤) ــــــــــ لا تكتب إليه؟ لأنني لا أعرف عنوانه.

☐ ا) هل ☐ ج) كيف

☑ ب) لماذا ☐ د) أين

لِمَاذَا لَا تَكْتُبُ إِلَيْهِ؟ لِأَنَّنِي لَا أَعْرِفُ عُنْوَانَهُ.

Exercise 22, Page 26, Corrections

حل تمرين رقم ٢٢، صفحة رقم ٢٦

١) ـــــــ المدرسة قريبة من هنا؟ نعم هي قريبة.

☐ ا) لماذا ☐ ج) كيف

☑ ب) هل ☐ د) أين

هَلِ الْمَدْرَسَةُ قَرِيبَةٌ مِنْ هُنَا؟ نَعَمْ هِيَ قَرِيبَةٌ.

٢) لا نعرف فصل المعلم ـــــــ .

☑ ا) الجديدَ ☐ ج) جديداً

☐ ب) جديدٌ ☐ د) الجديدُ

لا نَعْرِفُ فَصْلَ الْمُعَلِّمِ الْجَدِيدَ.

٣) لصديقي ـــــــ .

☐ ا) اثنان ولد ☑ ج) ولد واحد

☐ ب) اثنان أولاد ☐ د) واحد ولد

لِصَدِيقِي وَلَدٌ وَاحِدٌ.

٤) أنا لي ـــــــ .

☐ ا) اثنتان بنات ☐ ج) اثنتان بنتان

☐ ب) اثنتان بنت ☑ د) بنتان اثنتان

أَنَا لِي بِنْتَانِ إِثْنَتَانِ.

Exercise 23, Page 27, Corrections

حل تمرين رقم ٢٣، صفحة رقم ٢٧

١) هو ــــــــ وله أولاد.

☐ ا) موظف ☑ ج) متزوج

☐ ب) معلم ☐ د) تلميذ

هُوَ مُتَزَوِّجٌ وَلَهُ أَوْلَادٌ.

٢) أكتب ــــــــ صديقي اليوم.

☑ ا) إلى ☐ ج) في

☐ ب) على ☐ د) مع

أَكْتُبُ إِلَى صَدِيقِي اَلْيَوْمَ.

٣) أعرف ــــــــ زميلي: يسكن أمام المدرسة.

☐ ا) أم ☑ ج) عنوان

☐ ب) مكتب ☐ د) اسم

أَعْرِفُ عُنْوَانَ زَمِيلِي: يَسْكُنُ أَمَامَ الْمَدْرَسَةَ.

٤) أنا مسرور لأنني أعرف كيف أكتب ــــ بالعربية الآن.

☐ ا) كتابي ☐ ج) قلمي

☐ ب) فصلي ☑ د) إسمي

أَنَا مَسْرُورٌ لِأَنَّنِي أَعْرِفُ كَيْفَ أَكْتُبُ إِسْمِي بِالْعَرَبِيَّةِ اَلْآنَ.

Exercise 24, Page 28, Corrections

حل تمرين رقم ٢٤، صفحة رقم ٢٨

١) يكتب ـــــــ درسه.

☑ أ) كلُّ طالبٍ ☐ ج) كلُّ الطالبَ

☐ ب) كلُّ طالبٌ ☐ د) كلُّ الطالبُ

يَكْتُبُ كُلُّ طَالِبٍ دَرْسَهُ.

٢) لا أسكن في المدينة، أسكن في ـــــــ .

☐ ا) المنزل ☐ ج) الفصل

☑ ب) الريف ☐ د) المكتب

لَا أَسْكُنُ فِي الْمَدِينَةِ؛ أَسْكُنُ فِي الرِّيفِ.

٣) ـــــــ مع أسرتكم.

☑ ا) تعيشون ☐ ج) تعشن

☐ ب) يعيشون ☐ د) يعشن

تَعِيشُونَ مَعَ أُسْرَتِكُمْ.

٤) هل أمك في المنزل ـــــــ في المكتب؟

☐ ا) يوم ☑ ج) أم

☐ ب) أيضا ☐ د) أو

هَلْ أُمُّكَ فِي الْمَنْزِلِ أَمْ فِي الْمَكْتَبِ؟

Exercise 25 Page 29, Corrections

حل تمرين رقم ٢٥، صفحة رقم ٢٩

١) ــــــــ الموظفون في مطعم المنظمة.

☐ ا) يجلس ☐ ج) يكتبون

☑ ب) يأكل ☐ د) يأكلون

يَأْكُلُ الْمُوَظَّفُونَ فِي مَطْعَمِ الْمُنَظَّمَةِ.

٢) لا يعمل الموظفون ــــــــ في هذ البلد.

☑ ا) يوم الأحد ☐ ج) يوم الإثنين

☐ ب) يوم الثلاثاء ☐ د) يوم الخميس

لا يَعْمَلُ الْمُوَظَّفُونَ يَوْمَ الأَحَدِ فِي هَذَا البَلَدِ.

٣) ليس ــــــــ مفتوحا يوم الأحد.

☐ ا) مطعمُ المنظمة ☑ ج) مطعمُ المنظمة

☐ ب) المطعمُ منظمةَ ☐ د) المطعمُ المنظمةَ

لَيْسَ مَطْعَمُ الْمُنَظَّمَةِ مَفْتُوحاً يَوْمَ الأَحَدِ.

٤) ليس ــــــــ يوم عطلة في كل بلد.

☐ ا) يوم الإثنين ☑ ج) يوم الأحد

☐ ب) يوم الخميس ☐ د) يوم الثلاثاء

لَيْسَ يَوْمُ الأَحَدِ يَوْمَ عُطْلَةٍ فِي كُلِّ بَلَدٍ.

Exercise 26 Page 30, Corrections

حل تمرين رقم ٢٦، صفحة رقم ٣٠

١) عملت ــــــــــــ في المكتب اليوم.

☐ ا) نعم   ☑ ج) كثيرا

☐ ب) أحيانا   ☐ د) جدا

عَمِلْتُ كَثِيراً فِي الْمَكْتَبِ اَلْيَوْمَ.

٢) المنظمة التي نعمل فيها كبيرة ــــــــــــ .

☐ ا) أحيانا   ☐ ج) جيدا

☐ ب) كثيرا   ☑ د) جدا

اَلْمُنَظَّمَةُ الَّتِي نَعْمَلُ فِيهَا كَبِيرَةٌ جِدّاً.

٣) أنتما ــــــــــــ إلى المدينة كل يوم.

☐ ا) تذهبون   ☑ ج) تذهبان

☐ ب) تذهبن   ☐ د) يذهبان

أَنْتُمَا تَذْهَبَانِ إِلَى الْمَدِينَةِ كُلَّ يَوْمٍ.

٤) أنتن ــــــــــــ مع أزواجكن مرة في السنة.

☑ ا) تسافرن   ☐ ج) تسافرون

☐ ب) يسافرن   ☐ د) يسافرون

أَنْتُنَّ تُسَافِرْنَ مَعَ أَزْوَاجِكُنَّ مَرَّةً فِى السَّنَةِ.

162

Exercise 27 Page 31, Corrections

حل تمرين رقم ٢٧، صفحة رقم ٣١

١) هما (الطالبان) ______ مع معلمهما.

- ☐ ا) يتكلمون
- ☑ ب) يتكلمان
- ☐ ج) يتكلم
- ☐ د) يتكلمن

هُمَا (اَلطَّالِبَانِ) يَتَكَلَّمَانِ مَعَ مُعَلِّمِهِمَا.

٢) هما (البنت وأمها) ______ بالقطار.

- ☐ ا) يسافرن
- ☐ ب) تسافر
- ☑ ج) تسافران
- ☐ د) يسافران

هُمَا (اَلْبِنْتُ وَأُمُّهَا) تُسَافِرَانِ بِالْقِطَارِ.

٣) أتكلم ______ لغات أجنبية

- ☐ ا) ثلاثةَ
- ☑ ب) ثلاثَ
- ☐ ج) ثلاثاً
- ☐ د) ثلاثةً

أَتَكَلَّمُ ثَلاثَ لُغَاتٍ أَجْنَبِيَّةٍ.

٤) يسافر الموظف إلى بلد أجنبي مرة في ______.

- ☐ ا) الساعة
- ☐ ب) أسبوع
- ☐ ج) اليوم
- ☑ د) السنة

يُسَافِرُ الْمُوَظَّفُ إِلَى بَلَدٍ أَجْنَبِيٍّ مَرَّةً فِي السَّنَةِ.

Exercise 28 Page 32, Corrections

حل تمرين رقم ٢٨، صفحة رقم ٣٢

١) ـــــــــ هي المنظمة التي أعمل فيها.

☐ ا) هذا ☑ ج) تلك

☐ ب) هذيه ☐ د) ذلك.

تِلْكَ هِيَ الْمُنَظَّمَةُ الَّتِي أَعْمَلُ فِيهَا.

٢) أنتما في ـــــــــ اليوم.

☐ ا) مكتبكم ☐ ج) مكتبهما

☐ ب) مكتبهم ☑ د) مكتبكما

أَنْتُمَا فِي مَكْتَبِكُمَا اَلْيَوْمَ.

٣) أذهب إلى المدينة ـــــــــ .

☑ ا) هذا الصباحَ ☐ ج) هذا صباحاً

☐ ب) هذا الصباحُ ☐ د) هذا صباحُ

أَذْهَبُ إِلَى الْمَدِينَةِ هَذَا الصَّبَاحَ.

٤) ليس الموظفون ـــــــــ يعملون في هذه المنظمة كلهم من بلد واحد.

☐ ا) الذي ☐ ج) التي

☑ ب) الذين ☐ د) اللذين

لَيْسَ الْمُوظَّفُونَ الَّذِينَ يَعْمَلُونَ فِي هَذِهِ الْمُنَظَّمَةِ كُلُّهُمْ مِنْ بَلَدٍ وَاحِدٍ.

Exercise 29 Page 33, Corrections

حل تمرين رقم ٢٩، صفحة رقم ٣٣

١) ـــــــــ المسافر القطار.

☐ ا) يجلس ☐ ج) يسكن

☑ ب) يركب ☐ د) يعرف

يَرْكَبُ الْمُسَافِرُ الْقِطَارَ.

٢) أحب أن ـــــــــ كثيرا.

☐ ا) أسافرِ ☐ ج) أسافرُ

☐ ب) أسافرْ ☑ د) أسافرَ

أُحِبُّ أَنْ أُسَافِرَ كَثِيراً.

٣) تذهبين إلى المدرسة لكي ـــــــــ لغة أجنبية.

☑ ا) تتعلمي ☐ ج) تتعلمين

☐ ب) تتعلمَ ☐ د) تتعلمُ

تَذْهَبِينَ إِلَى الْمَدْرَسَةِ لِكَيْ تَتَعَلَّمِي لُغَةً أَجْنَبِيَّةً.

٤) كان الطقس ـــــــــ أمس.

☑ ا) جميلاً ☐ ج) باردٌ

☐ ب) جميلٌ ☐ د) بارداً

كَانَ الطَّقْسُ جَمِيلاً أَمْسِ.

Exercise 30 Page 34, Corrections

حل تمرين رقم ٣٠، صفحة رقم ٣٤

١) توجد المحطة ________ المدينة.

☐ ا) أمام ☐ ج) خلف

☐ ب) بين ☑ د) وسط

تُوجَدُ الْمَحَطَّةُ وَسَطَ الْمَدِينَةِ.

٢) ليس الشباك مفتوحا؛ هو ________ .

☑ ا) مغلق ☐ ج) كبير

☐ ب) جديد ☐ د) قريب

لَيْسَ الشُّبَّاكُ مَفْتُوحاً؛ هُوَ مُغْلَقٌ.

٣) أريد أن ________ قليلا من الماء.

☐ ا) أتكلم ☑ ج) أشرب

☐ ب) أعرف ☐ د) آكل

أُرِيدُ أَنْ أَشْرَبَ قَلِيلاً مِنَ الْمَاءِ.

٤) أسكن في ________ .

☐ ا) ريف ☑ ج) شقة

☐ ب) مكتبة ☐ د) مدرسة

أَسْكُنُ فِي شَقَّةٍ.

Exercise 31 Page 35, Corrections

حل تمرين رقم ٣١، صفحة رقم ٣٥

١) أحب هذه ــــــــ لأنها كبيرة وجميلة.

☐ ا) شقةً ☐ ج) الشقةُ

☐ ب) شقةٌ ☑ د) الشقةَ

أُحِبُّ هَذِهِ الشَّقَّةَ لِأَنَّهَا كَبِيرَةٌ وَجَمِيلَةٌ.

٢) أذهب إلى ــــــــ لكي أركب القطار.

☐ ا) المدرسة ☑ ج) المحطة

☐ ب) المطعم ☐ د) المكتب

أَذْهَبُ إِلَى الْمَحَطَّةِ لِكَيْ أَرْكَبَ الْقِطَارَ.

٣) ذهب ــــــــ إلى المدينة مع صديقه.

☐ ا) يوم ☑ ج) أمس

☐ ب) هذا صباح ☐ د) هذا سنة

ذَهَبَ أَمْسِ إِلَى الْمَدِينَةِ مَعَ صَدِيقِهِ.

٤) ــــــــ (أنتِ) الباب، من فضلكِ.

☑ أ) أغلقي ☐ ج) أغلق

☐ ب) اغلقي ☐ د) اغلق

أَغْلِقِي (أَنْتِ) الْبَابَ، مِنْ فَضْلِكِ.

Exercise 32, Page 36, Corrections

حل تمرين رقم ٣٢، صفحة رقم ٣٦

١) الطقس ـــــــ جدا اليوم.

☑ ا) جميل ☐ ج) كبير

☐ ب) جديد ☐ د) بارداً

اَلطَّقْسُ جَمِيلٌ جِدّاً اَلْيَوْمَ.

٢) لا تفتح الباب، افتح ـــــــ .

☐ ا) المدرسة ☐ ج) الفصل

☐ ب) المكتب ☑ د) الشباك

لا تَفْتَحِ الْبَابَ؛ اِفْتَحِ الشُّبَّاكَ.

٣) لا نحب الطقس ـــــــ كثيرا.

☐ ا) البارِدُ ☑ ج) البارِدَ

☐ ب) بارِدٌ ☐ د) بارِداً

لانُحِبُّ الطَّقْسَ الْبَارِدَ كَثِيراً.

٤) للفصل ـــــــ .

☐ ا) واحد شباك ☑ ج) شباك واحد

☐ ب) اثنان شباكان ☐ د) اثنان شباك

لِلْفَصْلِ شُبَّاكٌ وَاحِدٌ.

Exercise 33, Page 37, Corrections
حل تمرين رقم ٣٣، صفحة رقم ٣٧

١) ــــــــــ الآن، من فَضْلِك؟

☐ ا) كم ساعة ☐ ج) ما الساعة

☑ ب) كم الساعة ☐ د) في أي ساعة

كَمِ السَّاعَةُ الْآنَ، مِنْ فَضْلِكَ ؟

٢) أصل ــــــــــ إلى المكتب كل يوم.

☐ ا) أيضا ☐ ج) أحيانا

☐ ب) جيدا ☑ د) مبكرا(ة)

أَصِلُ مُبَكِّراً(ةً) إِلَى الْمَكْتَبِ كُلَّ يَوْمٍ.

٣) أسكن ــــــــــ المدرسة والمحطة.

☐ ا) أمام ☑ ج) بين

☐ ب) خلف ☐ د) قرب

أَسْكُنُ بَيْنَ الْمَدْرَسَةِ وَالْمَحَطَّةِ.

٤) ــــــــــ لك؟

☑ ا) كم ولداً ☐ ج) كم أولاداً

☐ ب) كم ولدٌ ☐ د) كم أولادٌ

كَمْ وَلَداً لَكَ ؟

Exercise 34, Page 38, Corrections

حل تمرين رقم ٣٤، صفحة رقم ٣٨

١) يعمل الموظفون ــــــــــــ ساعات في الصباح.

☐ ا) أربعةً ☑ ج) أربعَ

☐ ب) أربعاً ☐ د) أربعةَ

يَعْمَلُ الْمُوَظَّفُونَ أَرْبَعَ سَاعَاتٍ فِي الصَّبَاحِ.

٢) لن نعمل ــــــــــــ لأنه يوم الأحد.

☑ ا) غدا ☐ ج) اليوم

☐ ب) أمس ☐ د) الآن

لَنْ نَعْمَلَ غَداً لِأَنَّهُ يَوْمُ الْأَحَدِ.

٣) لن ــــــــ العمل في هذا البلد لأنك أجنبية.

☐ ا) تستطيعين ☐ ج) تستطيعَ

☑ ب) تستطيعي ☐ د) تستطيعُ

لَنْ تَسْتَطِيعِي الْعَمَلَ فِي هَذَا الْبَلَدِ لِأَنَّكِ أَجْنَبِيَّةٌ.

٤) ــــــــ الآن ؟ أدرس اللغة العربية.

☐ ا) ما تدرس ☐ ج) أين تدرس

☐ ب) هل تدرس ☑ د) ماذا تدرس

مَاذَا تَدْرُسُ الْآنَ؟ أَدْرُسُ اللُّغَةَ الْعَرَبِيَّةَ.

Exercise 35, Page 39, Corrections

حل تمرين رقم ٣٥ ، صفحة رقم ٣٩

١) ــــــــ هو العمل الذي تقوم به ؟

- [x] ا) ما
- [ ] ج) ماذا
- [ ] ب) من
- [ ] د) هل

مَا هُوَ الْعَمَلُ الَّذِي تَقُومُ بِهِ ؟

٢) ــــــــ تبدئين عملك ؟

- [ ] ا) ما الساعة
- [ ] ج) كم الساعة
- [ ] ب) كم ساعة
- [x] د) في أي ساعة

فِي أَيِّ سَاعَةٍ تَبْدَئِينَ عَمَلَكِ ؟

٣) ــــــــ القطار في المحطة.

- [ ] ا) يقف
- [x] ج) يتوقف
- [ ] ب) يقوم
- [ ] د) يتوقف عن

يَتَوَقَّفُ الْقِطَارُ فِي الْمَحَطَّةِ.

٤) ــــــــ الموظف عن عمله قليلا.

- [x] ا) يتوقف
- [ ] ج) يقف
- [ ] ب) يقوم
- [ ] د) يبدأ

يَتَوَقَّفُ الْمُوَظَّفُ عَنْ عَمَلِهِ قَلِيلاً.

Exercise 36, Page 40, Corrections

حل تمرين رقم ٣٦، صفحة رقم ٤٠

١) ـــــــ المعلم أمام التلاميذ.

☐ ا) يتوقف ☐ ج) يتوقف عن

☑ ب) يقف ☐ د) يقوم

يَقِفُ الْمُعَلِّمُ أَمَامَ التَّلامِيذِ.

٢) ـــــــ كتابا إلى صديقتك.

☐ ا) تعطي ☑ ج) تعطين

☐ ب) تعطيين ☐ د) تعطن

تُعْطِينَ كِتَاباً إِلَى صَدِيقَتِكِ.

٣) يحب الموظف العمل الذي ـــــــ .

☑ ا) يقوم به ☐ ج) يقومه

☐ ب) يدرسه ☐ د) يكتبه

يُحِبُّ الْمُوَظَّفُ الْعَمَلَ الَّذِي يَقُومُ بِهِ.

٤) ـــــــ لغة أجنبية تدرسين الآن ؟

☑ ا) أيّ ☐ ج) هل

☐ ب) ماذا ☐ د) ما

أَيَّ لُغَةٍ أَجْنَبِيَّةٍ تَدْرُسِينَ الْآنَ؟

Exercise 37, Page 41, Corrections

حل تمرين رقم ٣٧، صفحة رقم ٤١

١) لا يتكلم كثيرا لأنه ______ من أن يخطئ.

☐ ا) يخرج ☑ ج) يخاف

☐ ب) يظن ☐ د) يفهم

لايَتَكَلَّمُ كَثِيراً لِأَنَّهُ يَخَافُ مِنْ أَنْ يُخْطِئَ.

٢) يذهب إلى العمل بالسيارة لأن مكتبه ______ جدا.

☐ ا) كبير ☐ ج) رخيص

☑ ب) بعيد ☐ د) قديم

يَذْهَبُ إِلَى عَمَلِهِ بِالسَّيَّارَةِ لِأَنَّ مَكْتَبَهُ بَعِيدٌ جِدّاً.

٣) ليست هذه السيارة جديدة؛ هي ______.

☑ ا) قديمة ☐ ج) كبيرة

☐ ب) جميلة ☐ د) رخيصة

لَيْسَتْ هَذِهِ السَّيَّارَةُ جَدِيدَةً؛ هِيَ قَدِيمَةٌ.

٤) لا أستطيع أن أشتري هذا الفستان لأنه ليس ______.

☑ ا) رخيصا ☐ ج) بعيدا

☐ ب) قديما ☐ د) قريبا

لَا أَسْتَطِيعُ أَنْ أَشْتَرِيَ هَذَا الْفُسْتَانَ لِأَنَّهُ لَيْسَ رَخِيصاً.

Exercise 38, Page 42, Corrections

حل تمرين رقم ٣٨، صفحة رقم ٤٢

١) ______ لأنك مسرورة. أليس كذلك ؟

☐ ا) تظنين ☐ ج) تفهمين

☐ ب) تشترين ☑ د) تضحكين

تَضْحَكِينَ لِأَنَّكِ مَسْرُورَةٌ. أَلَيْسَ كَذَلِكَ؟

٢) لا نضحك من الناس عندما ______ .

☐ ا) يفهمون ☐ ج) يخرجون

☑ ب) يخطئون ☐ د) يظنون

لا نَضْحَكُ مِنَ النَّاسِ عِنْدَمَا يُخْطِئُونَ.

٣) ______ سافرت كتبت إلى أصدقائي.

☐ ا) لو ☐ ج) ولو

☑ ب) عندما ☐ د) فقط

عِنْدَمَا سَافَرْتُ كَتَبْتُ إِلَى أَصْدِقَائِي.

٤) اشتريت هذا الفستان من ______ .

☐ ا) مكتبة ☑ ج) دكان

☐ ب) مطعم ☐ د) مدرسة

اِشْتَرَيْتُ هَذَا الْفُسْتَانَ مِنْ دُكَّانٍ.

Exercise 39, Page 43, Corrections

حل تمرين رقم ٣٩، صفحة رقم ٤٣

١) عندما ______ من المنزل أغلق الباب بالمفتاح.

☐ ا) أضحك ☑ ج) أخرج

☐ ب) أشتري ☐ د) أفهم

عِنْدَمَا أَخْرُجُ مِنَ الْمَنْزِلِ أُغْلِقُ الْبَابَ بِالْمِفْتَاحِ.

٢) ______ أن ذلك المطعم مغلق يوم الأحد.

☐ ا) أدخل ☐ ج) أخرج

☑ ب) أظن ☐ د) أخطئ

أَظُنُّ أَنَّ ذَلِكَ الْمَطْعَمَ مُغْلَقٌ يَوْمَ الْأَحَدِ.

٣) من أين ______ سيارتكما ؟

☑ ا) اشتريتما ☐ ج) اشتريتم

☐ ب) اشتريا ☐ د) اشتريتن

مِنْ أَيْنَ اِشْتَرَيْتُمَا سَيَّارَتَكُمَا ؟

٤) من هو ذلك ______ الذي يتكلم مع المعلم ؟

☐ ا) سيدٌ ☐ ج) السيدُ

☑ ب) السيدُ ☐ د) سيدُ

مَنْ هُوَ ذَلِكَ السَّيِّدُ الَّذِي يَتَكَلَّمُ مَعَ الْمُعَلِّمِ ؟

Exercise 40, Page 44, Corrections

حل تمرين رقم ٤٠، صفحة رقم ٤٤

١) عندما يتكلم المعلم ببطء ______ التلاميذ جيدا.

☐ ا) يفهموه ☑ ج) يفهمه

☐ ب) يفهمنه ☐ د) يفهمونه

عِنْدَمَا يَتَكَلَّمُ الْمُعَلِّمُ بِبُطْءٍ يَفْهَمُهُ التَّلامِيذُ جَيِّداً.

٢) من أي دكان اشتريت هذا ______ الجميل ؟

☑ ا) الفستان ☐ ج) الكتاب

☐ ب) السيارة ☐ د) الساعة

مِنْ أَيِّ دُكَّانٍ اِشْتَرَيْتِ هَذَا الْفُسْتَانَ الْجَمِيلَ ؟

٣) يوجد كثير من ______ في هذه المدينة.

☐ ا) سيارات ☐ ج) سيارة

☑ ب) السيارات ☐ د) السيارة

يُوجَدُ كَثِيرٌ مِنَ السَّيَّارَاتِ فِي هَذِهِ الْمَدِينَةِ.

٤) ______ كان هذا الفستان رخيصا أشتريه.

☐ ا) عندما ☐ ج) ولو

☑ ب) لو ☐ د) لكي

لَوْ كَانَ هَذَا الْفُسْتَانَ رَخِيصاً أَشْتَرِيهِ.

Exercise 41, Page 45, Corrections

حل تمرين رقم ٤١، صفحة رقم ٤٥

١) يحب أن يأكل في مطعم ــــــ لأنه شرقي.

☐ ا) موظف ☐ ج) أجنبي

☐ ب) متزوج ☑ د) شرقي

يُحِبُّ أَنْ يَأْكُلَ فِي مَطْعَمٍ شَرْقِيٍّ لِأَنَّهُ شَرْقِيٌّ.

٢) عندما يتكلم المعلم ــــــ لا يفهمه التلاميذ جيدا.

☑ ا) بسرعة ☐ ج) ببطء

☐ ب) بطلاقة ☐ د) أيضا

عِنْدَمَا يَتَكَلَّمُ الْمُعَلِّمُ بِسُرْعَةٍ لَا يَفْهَمُهُ التَّلَامِيذُ جَيِّداً.

٣) ــــــ أن تسافرن إلى بلد عربي هذه السنة.

☐ ا) تريدن ☑ ج) تردن

☐ ب) تريدون ☐ د) تريدين

تُرِدْنَ أَنْ تُسَافِرْنَ إِلَى بَلَدٍ عَرَبِيٍّ هَذِهِ السَّنَةَ.

٤) هل ــــــ أن أسألك سؤالا ؟

☐ ا) يمكنك ☐ ج) يمكنه

☑ ب) يمكنني ☐ د) يمكنها

هَلْ يُمْكِنُنِي أَنْ أَسْأَلَكَ سُؤَالاً ؟

Exercise 42, Page 46, Corrections

حل تمرين رقم ٤٢، صفحة رقم ٤٦

١) لا يأكل ـــــــ في مطعم المنظمة.

☐ ا) بعض موظفين ☑ ج) بعض الموظفين

☐ ب) بعض موظفون ☐ د) بعض الموظفون

لا يَأْكُلُ بَعْضُ الْمُوَظَّفِينَ فِي مَطْعَمِ الْمُنَظَّمَةِ.

٢) هل تعرف كيف ـــــــ ؟

☐ ا) ساق ☐ ج) تسوقين

☐ ب) يسوق ☑ د) تسوق

هَلْ تَعْرِفُ كَيْفَ تَسُوقُ؟

٣) الباب مفتوح لكن ـــــــ مغلق.

☑ ا) الشباكَ ☐ ج) شباكٌ

☐ ب) الشباكُ ☐ د) شباكاً

اَلْبَابُ مَفْتُوحٌ لَكِنَّ الشُّبَّاكَ مُغْلَقٌ.

٤) المطعم القديم مفتوح لكن المطعم ـــــــ مغلق.

☐ ا) الجديدُ ☐ ج) جديدٌ

☑ ب) الجديدَ ☐ د) جديداً

اَلْمَطْعَمُ الْقَدِيمُ مَفْتُوحٌ لَكِنَّ الْمَطْعَمَ الْجَدِيدَ مُغْلَقٌ.

Exercise 43, Page 47, Corrections

حل تمرين رقم ٤٣، صفحة رقم ٤٧

١) يصل الموظف إلى المكتب ______ .

☑ ا) في الوقت ☐ ج) في الساعة

☐ ب) على الوقت ☐ د) على الساعة

يَصِلُ الْمُوَظَّفُ إِلَى الْمَكْتَبِ فِي الْوَقْتِ.

٢) ______ المعلم التلميذ عن زميله.

☑ ا) يسأل ☐ ج) يعرف

☐ ب) يتكلم ☐ د) يفهم

يَسْأَلُ الْمُعَلِّمُ التِّلْمِيذَ عَنْ زَمِيلِهِ.

٣) إذا ______ ______ إليك.

☐ ا) سافرت كتبت ☐ ج) أسافر أكتب

☑ ب) سافرت أكتب ☐ د) أسافر كتبت

إِذَا سَافَرْتُ أَكْتُبُ إِلَيْكَ.

٤) يتكلم المعلم مع ______ في المنظمة.

☐ ا) أحد موظفين ☐ ج) أحد موظفون

☑ ب) أحد الموظفين ☐ د) أحد الموظفون

يَتَكَلَّمُ الْمُعَلِّمُ مَعَ أَحَدِ الْمُوَظَّفِينَ فِي الْمُنَظَّمَةِ.

Exercise 44, Page 48, Corrections

حل تمرين رقم ٤٤، صفحة رقم ٤٨

١) لا أذهب ـــــــ إلى المدينة بالسيارة.

☐ ا) أيضا　☑ ج) دائما

☐ ب) جدا　☐ د) جيدا

لاَ أَذْهَبُ دَائِماً إِلَى الْمَدِينَةِ بِالسَّيَّارَةِ.

٢) نعمل كلنا في ـــــــ .

☐ ا) النفس منظمة　☐ ج) نفس منظمة

☑ ب) نفس المنظمة　☐ د) النفس المنظمة

نَعْمَلُ كُلُّنَا فِي نَفْسِ الْمُنَظَّمَةِ.

٣) كل ـــــــ ممكن.

☐ ا) شيءٌ　☐ ج) شيئاً

☑ ب) شيءٍ　☐ د) الشيءِ

كُلُّ شَيْءٍ مُمْكِنٌ.

٤) لو كنت ـــــــ لا أفعل ذلك.

☐ ا) مكانَكَ　☐ ج) مكانُكَ

☑ ب) مكانكَ　☐ د) المكانَكَ

لَوْ كُنْتُ مَكَانَكَ لاَ أَفْعَلُ ذَلِكَ.

Exercise 45, Page 49, Corrections

حل تمرين رقم ٤٥، صفحة رقم ٤٩

١) من هن السيدات ـــــــ تتكلم معهن ؟

☐ ا) الاتي ☐ ج) التي

☑ ب) اللاتي ☐ د) الذين

مَنْ هُنَّ السَّيِّدَاتُ اللاَّتِي تَتَكَلَّمُ مَعَهُنَّ ؟

٢) ـــــ تسافرين ؟ أسافر هذه السنة.

☑ ا) متى ☐ ج) إلى أين

☐ ب) لماذا ☐ د) كيف

مَتَى تُسَافِرِينَ ؟ أُسَافِرُ هَذِه السَّنَةَ.

٣) يعمل الموظفون ـــــــ أيام في الأسبوع.

☐ ا) خمسَ ☐ ج) خمساً

☑ ب) خمسةَ ☐ د) خمسةً

يَعْمَلُ الْمُوَظَّفُونَ خَمْسَةَ أَيَّامٍ فِي الأُسْبُوعِ.

٤) ـــــــــ ، الدرس صعب قليلا اليوم.

☐ ا) جدا ☐ ج) أحيانا

☐ ب) أيضا ☑ د) حقا

حَقّاً، اَلدَّرْسُ صَعْبُ قَلِيلاً اَلْيَوْمَ.

Exercise 46, Page 50, Corrections

حل تمرين رقم ٤٦، صفحة رقم ٥٠

١) في أي ساعة ــــــــ من عملكِ اليوم؟

☐ ا) تنتهي ☐ ج) تنتهن

☑ ب) تنتهين ☐ د) تنتهيين

فِي أَيِّ سَاعَةٍ تَنْتَهِينَ مِنْ عَمَلِكِ اَلْيَوْمَ ؟

٢) اليوم يوم الأحد، أمس كان ــــــــ .

☐ ا) يوم الإثنين ☑ ج) يوم السبت

☐ ب) يوم الخميس ☐ د) يوم الجمعة

اَلْيَوْمَ يَوْمُ الْأَحَدِ؛ أَمْسِ كَانَ يَوْمَ السَّبْتِ.

٣) يشعر بـ ــــــ لأنه أجنبي في هذا البلد.

☐ ا) الأمل ☐ ج) البرد

☐ ب) الخوف ☑ د) الوحدة

يَشْعُرُ بِالْوَحْدَةِ لِأَنَّهُ أَجْنَبِيٌّ فِي هَذَا الْبَلَدِ.

٤) ــــــ من هو صديقك، أقول لك من أنت.

☑ ا) قل لي ☐ ج) قلني

☐ ب) قول لي ☐ د) قلي

قُلْ لِّي مَنْ هُوَ صَدِيقُكَ أَقُولُ لَكَ مَنْ أَنْتَ.

Exercise 47, Page 51, Corrections

حل تمرين رقم ٤٧، صفحة رقم ٥١

١) ـــــــ أن أذهب إلى المدينة هذا الصباح.

☐ ا) نجب ☐ ج) أجب

☐ ب) تجب ☑ د) يجب

يَجِبُ أَنْ أَذْهَبَ إِلَى الْمَدِينَةِ هَذَا الصَّبَاحَ.

٢) أين هي الكتب ـــــــ اشتريتها؟

☑ ا) التي ☐ ج) الذين

☐ ب) اللاتي ☐ د) الذي

أَيْنَ هِيَ الْكُتُبُ الَّتِي اشْتَرَيْتَهَا ؟

٣) أذهب إلى المدينة ـــــــ.

☐ ا) هذا مساءً ☐ ج) هذا مساءٌ

☑ ب) هذا المساءَ ☐ د) هذا المساءُ

أَذْهَبُ إِلَى الْمَدِينَةِ هَذَا الْمَسَاءَ.

٤) لا ـــــــ لك أن تعمل في هذا البلد لأنك أجنبي.

☐ ا) يجب ☑ ج) يحق

☐ ب) يمكن ☐ د) تحق

لا يَحِقُّ لَكَ أَنْ تَعْمَلَ فِي هَذَا الْبَلَدِلِأَنَّكَ أَجْنَبِيٌّ.

Exercise 48, Page 52, Corrections

حل تمرين رقم ٤٨، صفحة رقم ٥٢

١) ــــــــ أن يكون الطقس جميلا غدا.

☐ ا) أخاف ☐ ج) يجب

☐ ب) يحق ☑ د) آمل

آمُلُ أَنْ يَكُونَ الطَّقْسُ جَمِيلاً غَداً.

٢) ــــــــ يعمل في مكتبه عندما وصلتُ.

☑ ا) وجدته ☐ ج) وجدهتم

☐ ب) وجدني ☐ د) وجدنا

وَجَدتُّهُ يَعْمَلُ فِي مَكْتَبِهِ عِنْدَمَا وَصَلْتُ.

٣) تتوقف هذه ــــــــ في المحطة.

☑ ا) الحافلة الجديدة ☐ ج) الحافلة جديدة

☐ ب) حافلة الجديدة ☐ د) جديدة الحافلة

تَتَوَقَّفُ هَذِهِ الْحَافِلَةُ الْجَدِيدَةُ فِي الْمَحَطَّةِ.

٤) ليست المدرسة ــــــــ كبيرة.

☑ ا) الجديدةُ ☐ ج) الجديدةَ

☐ ب) جديدةٌ ☐ د) جديدةً

لَيْسَتِ الْمَدْرَسَةُ الْجَدِيدَةُ كَبِيرَةً.

Exercise 49, Page 53, Corrections

حل تمرين رقم ٤٩، صفحة رقم ٥٣

١) لا أشرب القهوة؛ أشرب ______ .

☐ ا) السكائر ☐ ج) كل شيء

☑ ب) الشاي ☐ د) أي شيء

لَا أَشْرَبُ الْقَهْوَةَ؛ أَشْرَبُ الشَّايَ.

٢) ليس الدرس صعبا اليوم، هو ______ .

☑ ا) سهل ☐ ج) جديد

☐ ب) كبير ☐ د) طويل

لَيْسَ الدَّرْسُ صَعْباً اَلْيَوْمَ؛ هُوَ سَهْلٌ.

٣) أعمل ______ أسكن .

☐ ا) أين ☐ ج) متى

☐ ب) عندما ☑ د) حيث

أَعْمَلُ حَيْثُ أَسْكُنُ.

٤) هل وجدت مفتاحك الذى ______ ؟

☐ ا) فتحته ☑ ج) فقدته

☐ ب) تركته ☐ د) أغلقته

هَلْ وَجَدْتَ مِفْتَاحَكَ الَّذِي فَقَدْتَهُ؟

Exercise 50, Page 54, Corrections

حل تمرين رقم ٥٠، صفحة رقم ٥٤

١) وجدت مفتاحي حيث ــــــــ .

☐ ا) كتبته ☑ ج) تركته

☐ ب) فتحته ☐ د) أغلقته

وَجَدْتُ مِفْتَاحِي حَيْثُ تَرَكْتُهُ.

٢) ــــــــ أن أسألك سؤالا.

☐ ا) أفضل ☑ ج) أود

☐ ب) يحق ☐ د) أمكن

أَوَدُّ أَنْ أَسْأَلَكَ سُؤَالاً.

٣) يفضل بعض الناس القطار ــــــــ الطائرة.

☐ ا) من ☐ ج) إلى

☑ ب) على ☐ د) عن

يُفَضِّلُ بَعْضُ النَّاسِ الْقِطَارَ عَلَى الطَّائِرَةِ.

٤) لا يحق للناس أن ــــــــ في الحافلة.

☑ ا) يدخنوا ☐ ج) يدخنون

☐ ب) يدخن ☐ د) يدخنو

لَا يَحِقُّ لِلنَّاسِ أَنْ يُدَخِّنُوا فِي الْحَافِلَةِ.

Exercise 51, Page 55, Corrections

حل تمرين رقم ٥١، صفحة رقم ٥٥

١) كم ـــــــ من القهوة تشربين في اليوم؟

☐ ا) فناجينُ ☐ ج) فنجانٌ

☐ ب) فناجينَ ☑ د) فنجاناً

كَمْ فِنْجَاناً مِنَ الْقَهْوَةِ تَشْرَبِينَ فِي الْيَوْمِ ؟

٢) ـــــــ في حاجة إلى النقود لتشترين شيئاً.

☐ ا) أنتِ ☐ ج) أنتَ

☑ ب) أنتنَ ☐ د) هي

أَنْتُنَّ فِي حَاجَةٍ إِلَى النُّقُودِ لِتَشْتَرِينَ شَيْئاً.

٣) أذهب إلى المكتبة ـــــــ .

☑ ا) مساءَ يومِ الأربعاءِ ☐ ج) مساءُ يومَ الأربعاءَ

☐ ب) مساءَ يومُ الأربعاءِ ☐ د) مساء يومَ الأربعاءَ

أَذْهَبُ إِلَى الْمَكْتَبَةِ مَسَاءَ يَوْمِ الْأَرْبَعَاءِ.

٤) لا يعرف الطلاب ـــــــ الجديدات.

☑ ا) المعلمات ☐ ج) معلماتاً

☐ ب) المعلماتَ ☐ د) المعلماتُ

لَا يَعْرِفُ الطُّلَّابُ الْمُعَلِّمَاتِ الْجَدِيدَاتِ.

Exercise 52, Page 56, Corrections

حل تمرين رقم ٥٢ ، صفحة رقم ٥٦

١) يفضل الناس السيارات ـــــــ .

☑ ا) الجديدةَ ☐ ج) جديدةً

☐ ب) الجديدات ☐ د) جديدةَ

يُفَضِّلُ النَّاسُ السَّيَّارَاتِ الْجَدِيدَةَ.

٢) مدرستكم ـــــــ من مدرستنا.

☐ ا) أكبرةُ ☐ ج) أكبرةٌ

☑ ب) أكبرُ ☐ د) أكبرٌ

مَدْرَسَتُكُمْ أَكْبَرُ مِنْ مَدْرَسَتِنَا.

٣) ـــــــ أن تسافرن إلى بلد أجنبي كل سنة.

☐ ا) بودها ☐ ج) بودكِ

☐ ب) بودهن ☑ د) بودكَن

بِوَدِّكُنَّ/بِوُدِّكُنَّ أَنْ تُسَافِرْنَ إِلَى بَلَدٍ أَجْنَبِيٍّ كُلَّ سَنَةٍ.

٤) لا يحق ـــــــ أن تعملوا في منظمتين في آن واحد.

☑ ا) لكم ☐ ج) لهم

☐ ب) لكن ☐ د) لهن

لا يَحِقُّ لَكُمْ أَنْ تَعْمَلُوا فِي مُنَظَّمَتَيْنِ فِي آنٍ وَاحِدٍ.

Exercise 53, Page 57, Corrections

حل تمرين رقم ٥٣ ، صفحة رقم ٥٧

١) أركب ــــــ في المحطة.

☐ ا) الحافلة ☑ ج) القطار

☐ ب) السيارة ☐ د) الطائرة

أَرْكَبُ الْقِطَارَ فِي الْمَحَطَّةِ.

٢) ــــــ صديقتك كل يوم.

☑ ا) تَرَيْنَ ☐ ج) تَرَيِينَ

☐ ب) تَرَى ☐ د) تَرَيْ

تَرَيْنَ صَدِيقَتَكِ كُلَّ يَوْمٍ.

٣) نشتري الطوابع من ــــــ .

☐ ا) المحطة ☑ ج) مكتب البريد

☐ ب) المطار ☐ د) المدرسة

نَشْتَرِي الطَّوَابِعَ مِنْ مَكْتَبِ الْبَرِيدِ.

٤) عندما يكتب لي أحد ــــــ .

☑ ا) أجيبه ☐ ج) أبعثه

☐ ب) أرسله ☐ د) أستقبله

عِنْدَمَا يَكْتُبُ لِي أَحَدٌ أُجِيبُهُ.

Exercise 54, Page 58, Corrections

حل تمرين رقم ٥٤، صفحة رقم ٥٨

١) أعرف ـــــ جيدا.

☐ ا) أخُه ☑ ج) أخَاه

☐ ب) أخيه ☐ د) أخَه

أَعْرِفُ أَخَاهُ جَيِّداً.

٢) ـــــ مع المعلم.

☑ ا) رأيتك تتكلم ☐ ج) أراك تكلمت

☐ ب) رأيتك تكلمت ☐ د) أراك أن تتكلم

رَأَيْتُكَ تَتَكَلَّمُ مَعَ الْمُعَلِّمِ.

٣) أذهب إلى مكتب البريد لكي ـــــ رسالة.

☐ ا) أكتب ☐ ج) أقرأ

☑ ب) أرسل ☐ د) أستقبل

أَذْهَبُ إِلَى مَكْتَبِ الْبَرِيدِ لِكَيْ أُرْسِلَ رِسَالَةً.

٤) يبدأ الناس العمل عامة في ـــــ صباحا.

☐ ا) الواحدة ☐ ج) الخامسة

☐ ب) الثانية ☑ د) الثامنة

يَبْدَأُ النَاسُ الْعَمَلَ عَامَّةً فِي الثَّامِنَةِ صَبَاحاً.

Exercise 55, Page 59, Corrections

حل تمرين رقم ٥٥، صفحة رقم ٥٩

١) نسكن في نفس المدينة ولكن ليس في نفس ______ .

☐ ا) المطار ☑ ج) الشارع

☐ ب) المحطة ☐ د) البلد

نَسْكُنُ فِي نَفْسِ الْمَدِينَةِ وَلَكِنْ لَيْسَ فِي نَفْسِ الشَّارِعِ.

٢) أنا في حاجة إلى ______ لكي أرسل رسالة.

☑ ا) طابع ☐ ج) قلم

☐ ب) كتاب ☐ د) ورق

أَنَا فِي حَاجَةٍ إِلَى طَابَعٍ لِكَيْ أُرْسِلَ رِسَالَةً.

٣) لا أستطيع أن أكتب بسرعة ______ .

☐ ا) أمامه ☑ ج) مثله

☐ ب) بعده ☐ د) كـه

لا أَسْتَطِيعُ أَنْ أَكْتُبَ بِسُرْعَةٍ مِثْلَهُ.

٤) أذهب إلى المطار لكي ______ صديقي.

☐ ا) نرى ☑ ج) أستقبل

☐ ب) أرسل ☐ د) أبعث

أَذْهَبُ إِلَى الْمَطَارِ لِكَيْ أَسْتَقْبِلَ صَدِيقِي.

Exercise 56, Page 60, Corrections

حل تمرين رقم ٥٦ ، صفحة رقم ٦٠

١) لمن هذه السيارة ــــــ ؟

☐ ا) حمراءُ ☐ ج) البيضاءَ

☑ ب) الحمراءُ ☐ د) السوداءِ

لِمَنْ هَذِهِ السَّيَّارَةُ الْحَمْرَاءُ؟

٢) لا أراه في الصباح؛ أراه فقط ــــــ .

☐ ا) اليوم ☐ ج) أحيانا

☐ ب) كل يوم ☑ د) بعد الظهر

لا أَرَاهُ فِي الصَّبَاحِ؛ أَرَاهُ فَقَطْ بَعْدَ الظُّهْرِ.

٣) لكل واحد منا ــــــ .

☐ ا) كتابين ☐ ج) سيارةٍ

☑ ب) عينان ☐ د) معلماً

لِكُلِّ وَاحِدٍ مِنَّا عَيْنَانِ.

٤) أنتهي من العمل عامة في الساعة ــــــ .

☐ ا) الْخَمسَةَ ☐ ج) الْخَمْسَة

☑ ب) الْخَامسَةَ ☐ د) الْخَميسَةَ

أَنْتَهِي مِنَ الْعَمَلِ عَامَّةً فِي السَّاعَةِ الْخَامِسَةِ.

Exercise 57, Page 61, Corrections

حل تمرين رقم ٥٧ ، صفحة رقم ٦١

١) ــــــــ الطفل مع كلبه.

☐ ا) يسمع ☐ ج) يكتب

☐ ب) يبتسم ☑ د) يلعب

يَلْعَبُ الطِّفْلُ مَعَ كَلْبِهِ.

٢) ليس هذا القميص رخيصا، هو ــــــــ .

☑ ا) غال ☐ ج) كبير

☐ ب) جميل ☐ د) صغير

لَيْسَ هَذَا الْقَمِيصُ رَخِيصاً؛ هُوَ غَالٍ.

٣) هذا الفستان ــــــــ اللون.

☐ ا) رخيص ☑ ج) أزرق

☐ ب) غال ☐ د) صغير

هَذَا الْفُسْتَانُ أَزْرَقُ اللَّوْنِ.

٤) اليوم يوم الإثنين، غدا يوم ــــــــ .

☐ ا) الأحد ☐ ج) الأربعاء

☑ ب) الثلاثاء ☐ د) الجمعة

اَلْيَوْمَ يَوْمُ الإِثْنَيْنِ، غَداً يَوْمُ الثُّلاثَاءِ.

Exercise 58, Page 62, Corrections

حل تمرين رقم ٥٨ ، صفحة رقم ٦٢

١) لصديقي ———— .

☐ ا) بنتين ☑ ج) بنتان

☐ ب) البنتين ☐ د) البنتان

لِصَدِيقِي بِنْتَانِ.

٢) ——— بالأذنين.

☐ ا) نرى ☐ ج) نتكلم

☑ ب) نسمع ☐ د) نبتسم

نَسْمَعُ بِالْأُذُنَيْنِ.

٣) ——— أسمعْ ما قلته.

☐ ا) لن ☑ ج) لم

☐ ب) لا ☐ د) ليس

لَمْ أَسْمَعْ مَا قُلْتَهُ.

٤) ليس هذا المنزل كبيرا؛ هو ———— .

☐ ا) بعيد ☐ ج) جميل

☐ ب) رخيص ☑ د) صغير

لَيْسَ هَذَا الْمَنْزِلُ كَبِيراً؛ هُوَ صَغِيرٌ.

Exercise 59, Page 63, Corrections

حل تمرين رقم ٥٩ ، صفحة رقم ٦٣

١) أعرف هذا المطعم جيدا لأنني آكل فيه ______ .

- [x] ا) دائما
- [ ] ب) أيضا
- [ ] ج) جدا
- [ ] د) جيدا

أَعْرِفُ هَذَا الْمَطْعَمَ جَيِّداً لأَنَّنِي آكُلُ فِيهِ دَائِماً.

٢) اشتريت ______ صباح أمس.

- [ ] ا) قميصان أزرقين
- [ ] ب) قميصين أزرقان
- [ ] ج) قميصان أزرقان
- [x] د) قميصين أزرقين

اِشْتَرَيْتُ قَمِيصَيْنِ أَزْرَقَيْنِ.

٣) يجدن هذه الفساتين غالية بالنسبة ______ .

- [x] ا) لهن
- [ ] ب) لكن
- [ ] ج) لكم
- [ ] د) لك

يَجِدْنَ هَذِهِ الْفَسَاتِينَ غَالِيَةً بِالنِّسْبَةِ لَهُنَّ.

٤) يشتري الناس كثيرا من ____ هذه الأيام.

- [ ] ا) هدية
- [ ] ب) الهدية
- [x] ج) الهدايا
- [ ] د) هدايا

يَشْتَرِي النَّاسُ كَثِيراً مِنَ الْهَدَايَا هَذِهِ الأَيَّامَ.

Exercise 60, Page 64, Corrections

حل تمرين رقم ٦٠، صفحة رقم ٦٤

١) لم أر قلمي لأنه كان ــــــــ الكتاب.

☑ ا) تحت ☐ ج) على

☐ ب) أمام ☐ د) عن

لَمْ أَرَ قَلَمِي لِأَنَّهُ كَانَ تَحْتَ الْكِتَابِ.

٢) نسمع ــــــــ .

☐ ا) بالعينين ☐ ج) بالأذنان

☐ ب) بالعينان ☑ د) بالأذنين

نَسْمَعُ بِالْأُذُنَيْنِ.

٣) هذه السيارة ــــــــ .

☐ ا) الزرقاء لون ☐ ج) زرقاء لون

☑ ب) زرقاء اللون ☐ د) الرزرقاء اللون

هَذِهِ السَّيَّارَةُ زَرْقَاءُ اللَّوْنِ.

٤) قالت الموظفة لزميلتها: أنت ــــــــ دائما.

☐ ا) تبتسمْ ☐ ج) تبتسمُ

☐ ب) تبتسمي ☑ د) تبتسمين

قَالَتِ الْمُوَظَّفَةُ لِزَمِيلَتِهَا: أَنْتِ تَبْتَسِمِينَ دَائِماً.

Exercise 61, Page 65, Corrections

حل تمرين رقم ٦١، صفحة رقم ٦٥

١) أعرف ــــــــ كل الموظفين الذين يعملون في هذه المنظمة الصغيرة.

☐ ا) دائما ☐ ج) أبدا

☐ ب) أحيانا ☑ د) تقريبا

أَعْرِفُ تَقْرِيباً كُلَّ الْمُوَظَّفِينَ الَّذِينَ يَعْمَلُونَ فِي هَذِهِ الْمُنَظَّمَةِ الصَّغِيرَةِ.

٢) اليوم يوم الجمعة؛ أمس كان يوم ــــــــ .

☑ ا) الخميس ☐ ج) الأحد

☐ ب) الأربعاء ☐ د) السبت

اَلْيَوْمَ يَوْمُ الْجُمُعَةِ؛ أَمْسِ كَانَ يَوْمَ الْخَمِيسِ.

٣) أشكرك كثيرا ــــــــ رسالتك اللطيفة.

☐ ا) من ☑ ج) على

☐ ب) في ☐ د) ل

أَشْكُرُكَ كَثِيراً عَلَى رِسَالَتِكَ اللَّطِيفَةِ.

٤) ــــــــ باليدين.

☐ ا) نرى ☐ ج) نسمع

☑ ب) نلمس ☐ د) نتكلم

نَلْمُسُ بِالْيَدَيْنِ.

Exercise 62, Page 66, Corrections

حل تمرين رقم ٦٢، صفحة رقم ٦٦

١) ـــــــ أحيانا كتابكِ في المنزل .

☐ ا) تَنسينَ ☑ ج) تَنْسَيْنَ

☐ ب) تَنْسَينَ ☐ د) تَنسيينَ

تَنْسَيْنَ أَحْيَاناً كِتَابَكِ فِي الْمَنْزِلِ.

٢) مكتب البريد مغلق ـــــــ يوم الأحد.

☐ ا) أحيانا ☐ ج) أبدا

☑ ب) طبعا ☐ د) جدا

مَكْتَبُ الْبَرِيدِ مُغْلَقٌ يَوْمَ الأَحَدِ.

٣) ليس للحيوان ـــــــ .

☐ ا) آذان ☑ ج) أياد

☐ ب) شيء ☐ د) أعين

لَيْسَ لِلْحَيَوَانِ أَيَادٍ.

٤) نتناول طعام الفطور ـــــــ .

☐ ا) في المساء ☐ ج) عند الظهر

☐ ب) بعد الظهر ☑ د) في الصباح

نَتَنَاوَلُ طَعَامَ الْفَطُورِ فِي الصَّبَاحِ.

Exercise 63, Page 67, Corrections
حل تمرين رقم ٦٣، صفحة رقم ٦٧

١) أعمل أحيانا يوم الجمعة فقط ______ .

☐ ا) سبع ساعة ☑ ج) سبع ساعات

☐ ب) سبعة ساعة ☐ د) سبعة ساعات

أَعْمَلُ أَحْيَاناً يَوْمَ الْجُمُعَةِ فَقَطْ سَبْعَ سَاعَاتٍ.

٢) قلتم لي أنكم ______ طعام الفطور أمس.

☐ ا) لا تناولتم ☑ ج) لم تتناولوا

☐ ب) لم تناولتم ☐ د) لم تتناولون

قُلْتُمْ لِي أَنَّكُمْ لَمْ تَتَنَاوَلُوا طَعَامَ الْفَطُورِ أَمْسِ.

٣) ما هو ______ الفصل الذي تدرسين فيه؟

☐ ا) اسم ☐ ج) لون

☐ ب) عنوان ☑ د) رقم

مَا هُوَ رَقْمُ الْفَصْلِ الَّذِي تَدْرُسِينَ فِيهِ ؟

٤) وصلتني كثير من الرسائل ______ هذا الأسبوع.

☐ ا) اللطيفات ☑ ج) اللطيفة

☐ ب) لطيفات ☐ د) لطيفة

وَصَلَتْنِي كَثِيرٌ مِنَ الرَّسَائِلِ اللَّطِيفَةِ هَذَا الْأُسْبُوعَ.

Exercise 64, Page 68, Corrections

حل تمرين رقم ٦٤، صفحة رقم ٦٨

١) ليس معي الكتاب؛ ـــــــ في المنزل.

☐ ا) قرأته ☐ ج) عرفته

☐ ب) كتبته ☑ د) نسيته

لَيْسَ مَعِي الْكِتَابُ؛ نَسِيتُهُ فِي الْمَنْزِلِ.

٢) قلت لي أنك ـــــــ تفضلين القهوة على الشاي.

☑ ا) شخصياً ☐ ج) شخصيٌ

☐ ب) شخصيةً ☐ د) شخصيةٌ

قُلْتِ لِي أَنَّكِ شَخْصِيّاً تُفَضِّلِينَ الْقَهْوَةَ عَلَى الشَّايِ.

٣) يوجد ـــــــ في الأسبوع.

☐ ا) سبعة يوم ☐ ج) سبع أيام

☐ ب) سبع يوم ☑ د) سبعة أيام

يُوجَدُ سَبْعَةُ أَيَّامٍ فِي الْأُسْبُوعِ.

٤) ـــــــ أسافر هذه السنة إلى بلد أجنبي.

☑ ا) ربما ☐ ج) أحيانا

☐ ب) دائما ☐ د) أبدا

رُبَّمَا أُسَافِرُ هَذِهِ السَّنَةَ إِلَى بَلَدٍ أَجْنَبِيٍّ.

Exercise 65, Page 69, Corrections

حل تمرين رقم ٦٥، صفحة رقم ٦٩

١) نفتح الباب ـــــــ أن ندخل.

☐ ا) عند ☑ ج) قبل

☐ ب) أمام ☐ د) بعد

نَفْتَحُ الْبَابَ قَبْلَ أَنْ نَدْخُلَ.

٢) نشم ـــــــ .

☐ ا) بالأذنين ☐ ج) بالعينين

☑ ب) بالأنف ☐ د) باليدين

نَشَمُّ بِالْأَنْفِ.

٣) كانت الكاتبات ـــــــ جدا أمس.

☑ ا) مشغولات ☐ ج) مشغولةً

☐ ب) مشغولاتاً ☐ د) مشغولاتُ

كَانَتِ الْكَاتِبَاتُ مَشْغُولَاتٍ جِدّاً أَمْسِ.

٤) ـــــــ من الأنف.

☐ ا) نلمس ☐ ج) نرى

☐ ب) نتكلم ☑ د) نتنفس

نَتَنَفَّسُ مِنَ الْأَنْفِ.

Exercise 66, Page 70, Corrections

حل تمرين رقم ٦٦، صفحة رقم ٧٠

١) نمشي على ______ .

☑ أ) أرجلنا ☐ ج) أعيننا

☐ ب) أيدينا ☐ د) آذاننا

نَمْشِي عَلَى أَرْجُلِنَا.

٢) ليس ______ ؛ هو في صحة جيدة.

☐ ا) أجنبيا ☐ ج) موظفا

☑ ب) مريضا ☐ د) طالبا

لَيْسَ مَرِيضاً؛ هُوَ فِي صِحَّةٍ جَيِّدَةٍ.

٣) أود أن أشتري هذا الفستان لأنه ______ .

☐ ا) بعيد ☑ ج) جميل

☐ ب) كبير ☐ د) قريب

أَوَدُّ أَنْ أَشْتَرِيَ هَذَا الْفُسْتَانَ لِأَنَّهُ جَمِيلٌ.

٤) صديقي مريض ودخل إلى ______ .

☑ ا) المستشفى ☐ ج) الجامعة

☐ ب) المحطة ☐ د) المدرسة

صَدِيقِي مَرِيضٌ وَدَخَلَ إِلَى الْمُسْتَشْفَى.

Exercise 67, Page 71, Corrections

حل تمرين رقم ٦٧، صفحة رقم ٧١

١) يعمل ______ في المستشفى.

☐ ا) كل الناسُ ☑ ج) الطبيبُ

☐ ب) الطالبِ ☐ د) المعلمُ

يَعْمَلُ الطَّبِيبُ فِي الْمُسْتَشْفَى.

٢) يدرس الطلاب في ______ .

☐ ا) المستشفى ☐ ج) أي مكان

☑ ب) الجامعة ☐ د) المدرسةُ

يَدْرُسُ الطُّلَّابُ فِي الْجَامِعَةِ.

٣) أذهب إلى مكتبي ______ لأنه قريب جدا من المنزل.

☐ ا) بالقطار ☐ ج) بسيارة

☐ ب) بحافلة ☑ د) مشيا على الأقدام

أَذْهَبُ إِلَى مَكْتَبِي مَشْياً عَلَى الْأَقْدَامِ لأَنَّهُ قَرِيبٌ جِدّاً مِنَ الْمَنْزِلِ.

٤) رأيته ______ ولكنني لم أره يخرج.

☑ ا) يدخل ☐ ج) يعمل

☐ ب) يكتب ☐ د) يتكلم

رَأَيْتُهُ يَدْخُلُ وَلَكِنَّنِي لَمْ أَرَهُ يَخْرُجُ.

Exercise 68, Page 72, Corrections

حل تمرين رقم ٦٨، صفحة رقم ٧٢

١) لا أحد يستطيع أن يعيش بدون ــــــ .

☐ ا) الشاي ☐ ج) القهوة

☐ ب) السكائر ☑ د) الهواء

لَا أَحَدَ يَسْتَطِيعُ أَنْ يَعِيشَ بِدُونِ الْهَوَاءِ.

٢) يجب على الإنسان أن يعمل ــــــ أنفه لكي يعيش.

☐ ا) قبل ☐ ج) بعد

☑ ب) رغم ☐ د) أمام

يَجِبُ عَلَى الْإِنْسَانِ أَنْ يَعْمَلَ رَغْمَ أَنْفِهِ لِكَيْ يَعِيشَ.

٣) أذهب إلى ــــــ لكي أشتري الفاكهة والخضارة.

☐ ا) مكتب البريد ☑ ج) السوق

☐ ب) المحطة ☐ د) المدرسة

أَذْهَبُ إِلَى السُّوقِ لِكَيْ أَشْتَرِيَ الْفَاكِهَةَ وَالْخُضَارَةَ.

٤) تحبين أن ــــــ بسرعة. أليس كذلك؟

☑ ا) تمشي ☐ ج) تمشيين

☐ ب) تمش ☐ د) تمشين

تُحِبِّينَ أَنْ تَمْشِي بِسُرْعَةٍ. أَلَيْسَ كَذَلِكَ؟

Exercise 69, Page 73, Corrections

حل تمرين رقم ٦٩ ، صفحة رقم ٧٣

١) ليس الطقس باردا اليوم؛ هو ـــــــ .

☐ ا) جديد ☑ ج) حار

☐ ب) جيد ☐ د) جميل

لَيْسَ الطَّقْسُ بَارِداً اَلْيَوْمَ؛ هُوَ حَارٌّ.

٢) النهار ـــــــ في فصل الشتاء.

☑ ا) قصير ☐ ج) طويل

☐ ب) جميل ☐ د) كبير

اَلنَّهَارُ قَصِيرٌ فِي فَصْلِ الشِّتَاءِ.

٣) نتناول طعام الغداء ـــــــ .

☑ ا) عند الظهر ☐ ج) في المساء

☐ ب) في الصباح ☐ د) في أي وقت

نَتَنَاوَلُ طَعَامَ الْغَدَاءِ عِنْدَ الظُّهْرِ.

٤) نتناول عامة ـــــــ في اليوم.

☐ ا) ثلاثة وجبة ☐ ج) ثلاث وجبة

☐ ب) ثلاثة وجبات ☑ د) ثلاث وجبات

نَتَنَاوَلُ عَامَّةً ثَلَاثَ وَجَبَاتٍ فِي الْيَوْمِ.

Exercise 70, Page 74, Corrections

حل تمرين رقم ٧٠، صفحة رقم ٧٤

١) ينزل كثير من ــــــــ في فصل الشتاء.

☐ ا) الماطر ☑ ج) المطر

☐ ب) الماطار ☐ د) المطار

يَنْزِلُ كَثِيرٌ مِنَ الْمَطَرِ فِي فَصْلِ الشِّتَاءِ.

٢) الطقس حار في فصل ــــــــ .

☑ ا) الصيف ☐ ج) المدينة

☐ ب) الشتاء ☐ د) الريف

اَلطَّقْسُ حَارٌّ فِي فَصْلِ الصَّيْفِ.

٣) صار الجو ــــــــ هذه الأيام.

☐ ا) جميلً ☐ ج) الباردَ

☑ ب) بارداً ☐ د) باردٌ

صَارَ الجَوُّ بَارِداً هَذِهِ الْأَيَّامَ.

٤) سافروا كلهم. لم ــــــــ أحد في المنزل.

☑ ا) يبقَ ☐ ج) يبقَى

☐ ب) يبقْ ☐ د) يبقَا

سَافَرُوا كُلُّهُمْ؛ لَمْ يَبْقَ أَحَدٌ فِي الْمَنْزِلِ.

Exercise 71, Page 75, Corrections

حل تمرين رقم ٧١، صفحة رقم ٧٥

١) ــــــــ لوحدي في المنزل.

☐ ا) بَقتُ　　☑ ج) بَقيتُ

☐ ب) بَقَيْتُ　　☐ د) بَقَيْتَ

بَقِيتُ لِوَحْدِي فِي الْمَنْزِلِ.

٢) السماء ــــــــ اللون.

☐ ا) حمراء　　☐ ج) سوداء

☑ ب) زرقاء　　☐ د) صفراء

اَلسَّمَاءُ زَرْقَاءُ اللَّوْنِ.

٣) يلعب الأولاد في ــــــــ .

☐ ا) المكتب　　☐ ج) المدرسة

☐ ب) أي مكان　　☑ د) الحديقة

يَلْعَبُ الْأَوْلادُ فِي الْحَدِيقَةِ.

٤) أشرب القهوة عامة بـ ــــــــ .

☐ ا) الشاي　　☑ ج) الحليب

☐ ب) أي شيء　　☐ د) العصير

أَشْرَبُ الْقَهْوَةَ عَامَّةً بِالْحَلِيبِ.

Exercise 72, Page 76, Corrections

حل تمرين رقم ٧٢، صفحة رقم ٧٦

١) نتناول عصير الفاكهة ______ .

☑ ا) باردا ☐ ج) حارا

☐ ب) قصيرا ☐ د) جدا

نَتَنَاوَلُ عَصِيرَ الْفَاكِهَةِ بَارِداً.

٢) ______ المطر الآن.

☐ ا) يبدأ ينزل ☐ ج) بدأ أن ينزل

☐ ب) بدأ نزل ☑ د) بدأ ينزل

بَدَأَ يَنْزِلُ الْمَطَرُ الْآنَ.

٣) يعلمون ______ في هذه المدرسة.

☐ ا) ست لغة ☑ ج) ست لغات

☐ ب) ستة لغة ☐ د) ستة لغات

يُعَلِّمُونَ سِتَّ لُغَاتٍ فِي هَذِهِ الْمَدْرَسَةِ.

٤) الطقس بارد في الشمال وحار في ______ .

☐ ا) أي مكان ☐ ج) كل مكان

☑ ب) الجنوب ☐ د) الشتاء

اَلطَّقْسُ بَارِدٌ فِي الشَّمَالِ وَحَارٌّ فِي الْجَنُوبِ.

Exercise 73, Page 77, Corrections

حل تمرين رقم ٧٣، صفحة رقم ٧٧

١) ـــــــ ابنك ؟

☐ ا) ما هو عمر ☐ ج) كيف عمر

☑ ب) كم عمر ☐ د) ما عمر

كَمْ عُمْرُ إِبْنِكَ؟

٢) لا تصل الكاتبات ـــــــ عادة إلى المكتب.

☑ ا) متأخراتٍ ☐ ج) متأخراتاً

☐ ب) متأخراً ☐ د) متأخرةً

لا تَصِلُ الْكَاتِبَاتُ مُتَأَخِّرَاتٍ عَادَةً إِلَى الْمَكْتَبِ.

٣) قال لي إسمه ولكنني لا ـــــــ .

☐ ا) أعرفه ☐ ج) أنساه

☐ ب) أفهمه ☑ د) أتذكره

قَالَ لِي إِسْمَهُ وَلَكِنَّنِي لا أَتَذَكَّرُهُ.

٤) لم ـــــــ يعملن في هذه المنظمة.

☐ ا) يَعُودْنَ ☐ ج) تَعُدْنَ

☐ ب) تَعُودْنَ ☑ د) يَعُدْنَ

لَمَ يَعْدْنَ يَعْمَلْنَ فِي هَذِهِ الْمُنَظَّمَةِ.

Exercise 74, Page 78, Corrections

حل تمرين رقم ٧٤، صفحة رقم ٧٨

١) هو ــــــــ لأنه يعمل كثيرا.

☐ ا) متأخر ☐ ج) مستعجل

☐ ب) مبكر ☑ د) متعب

هُوَ مُتْعَبٌ لِأَنَّهُ يَعْمَلُ كَثِيراً.

٢) أين هي الكتب ــــــ التي اشتريتها اليوم؟

☐ ا) الآخرون ☐ ج) الآخر

☐ ب) الأخريات ☑ د) الأخرى

أَيْنَ هِيَ الْكُتُبُ الْأُخْرَى الَّتِي اشْتَرَيْتَهَا اَلْيَوْمَ؟

٣) نسيت أن ــــــ كتبي إلى المدرسة اليوم.

☐ ا) أخذ ☐ ج) أأخذ

☑ ب) آخذ ☐ د) أخوذ

نَسِيتُ أَنْ آخُذَ كُتُبِي إِلَى الْمَدْرَسَةِ اَلْيَوْمَ.

٤) بكم ــــــ سيارتك ؟

☐ ا) بَعْتَ ☐ ج) بيعْتَ

☐ ب) بَاعْتَ ☑ د) بِعْتَ

بِكَمْ بِعْتَ سَيَّارَتَكَ؟

Exercise 75, Page 79, Corrections

حل تمرين رقم ٧٥، صفحة رقم ٧٩

١) ـــــــ الموظفون المكتب في نفس الساعة.

☐ ا) يغادرون ☐ ج) يغادروا

☑ ب) يغادر ☐ د) يغادرو

يُغَادِرُ الْمُوَظَّفُونَ الْمَكْتَبَ فِي نَفْسِ السَّاعَةِ.

٢) ابقوا معنا قليلا إذا كنتم غير ـــــــ .

☐ ا) مستعجلان ☐ ج) مستعجلا

☐ ب) مستعجلون ☑ د) مستعجلين

اِبْقَوْا مَعَنَا قَلِيلاً إِذَا كُنْتُمْ غَيْرَ مُسْتَعْجِلِينَ.

٣) من هم ـــــــ السادة، هناك ؟

☐ ا) هذان ☑ ج) أولئك

☐ ب) هذا ☐ د) هؤلاء

مَنْ هُمْ أُولَئِكَ السَّادَةُ، هُنَاكَ؟

٤) يصل بعض الموظفين ـــــــ إلى المكتب.

☐ ا) متأخرٌ ☐ ج) متأخرون

☐ ب) متأخراً ☑ د) متأخربن

يَصِلُ بَعْضُ الْمُوَظَّفِينَ مُتَأَخِّرِينَ إِلَى الْمَكْتَبِ.

Exercise 76, Page 80, Corrections

حل تمرين رقم ٧٦، صفحة رقم ٨٠

١) لم ــــــ أنتم كثيرا أمس.

☑ ا) تَتْعَبُوا ☐ ج) تَتْعَبُونَ

☐ ب) تَعبْتُمْ ☐ د) تَتْعَبْ

لَمْ تَتْعَبُوا أَنْتُمْ كَثِيراً أَمْسِ.

٢) أين هما زميلتاك ــــــ ؟

☐ ا) الأخريتان ☐ ج) الأخران

☐ ب) أخريان ☑ د) الأخريان

أَيْنَ هُمَا زَمِيلَتَاكِ الْأُخْرَيَانِ؟

٣) ــــــ أبدأ عملي في الثامنة.

☐ ا) أبدا ☑ ج) مبدئيا

☐ ب) جدا ☐ د) كثيرا

مَبْدَئِيّاً أَبْدَأُ عَمَلِي فِي الثَّامِنَةِ.

٤) ــــــ من السفر هذا الأسبوع.

☑ ا) رجعت ☐ ج) غادرت

☐ ب) وصلت ☐ د) عودت

رَجَعْتُ مِنَ السَّفَرِ هَذَا الْأُسْبُوعَ.

Exercise 77, Page 81, Corrections
حل تمرين رقم ٧٧، صفحة رقم ٨١

١) نتناول ـــــــ في المساء.

☑ ا) طعام العشاء ☐ ج) طعام الفطور

☐ ب) طعام الغداء ☐ د) كل الوجبات

نَتَنَاوَلُ طَعَامَ الْعَشَاءِ فِي الْمَسَاءِ.

٢) الطبيعة ـــــــ في فصل الربيع.

☑ ا) خضراء ☐ ج) حمراء

☐ ب) صفراء ☐ د) بيضاء

اَلطَّبِيعَةُ خَضْرَاءُ فِي فَصْلِ الرَّبِيعِ.

٣) أشرب القهوة بالحليب وبدون ـــــــ .

☐ ا) اللبن ☑ ج) السكر

☐ ب) الشاي ☐ د) الماء

أَشْرَبُ الْقَهْوَةَ بِالْحَلِيبِ وَبِدُونِ السُّكَّرِ.

٤) يكتب بعض الكتاب ـــــــ يتكلمون .

☐ ا) مثل ☐ ج) ك

☐ ب) ك ما ☑ د) كما

يَكْتُبُ بَعْضُ الْكُتَّابِ كَمَا يَتَكَلَّمُونَ.

Exercise 78, Page 82, Corrections

حل تمرين رقم ٧٨، صفحة رقم ٨٢

١) يأتي فصل ـــــ بعد فصل الشتاء.

☑ ا) الربيع ☐ ج) الخريف

☐ ب) الصيف ☐ د) كل شيء

يَأْتِي فَصْلُ الرَّبِيعِ بَعْدَ فَصْلِ الشِّتَاءِ.

٢) أسافر كل سنة إلى الشرق ـــــ.

☐ ا) االوسط ☐ ج) المتوسط

☐ ب) المعتدل ☑ د) الأوسط

أُسَافِرُ كُلَّ سَنَةٍ إِلَى الشَّرْقِ الأَوْسَطِ.

٣) لم ـــــ كثيرا أمس.

☐ ا) أنامْ ☐ ج) نمْتُ

☑ ب) أنَمْ ☐ د) نَمْتُ

لَمْ أَنَمْ كَثِيراً أَمْسِ.

٤) ـــــ طويل في فصل الشتاء.

☑ ا) الليل ☐ ج) اليوم

☐ ب) النهار ☐ د) الوقت

اَللَّيْلُ طَوِيلٌ فِي فَصْلِ الشِّتَاءِ.

Exercise 79, Page 83, Corrections

حل تمرين رقم ٧٩، صفحة رقم ٨٣

١) لا نرى ـــــ تقريبا في فصل الشتاء.

☐ ا) شيئا ☐ ج) المطر

☐ ب) الماء ☑ د) الشمس

لا نَرَى الشَّمْسَ تَقْرِيباً فِي فَصْلِ الشِّتَاءِ.

٢) الطقس ـــــ عادة في فصل الربيع.

☐ ا) حار ☐ ج) بارد

☐ ب) خفيف ☑ د) معتدل

اَلطَّقْسُ مُعْتَدِلٌ عَادَةً فِي فَصْلِ الرَّبِيعِ.

٣) النهار ـــــ في فصل الربيع،

☐ ا) معتدل ☐ ج) وسط

☑ ب) متوسط ☐ د) أوسط

اَلنَّهَارُ مُتَوَسِّطٌ فِي فَصْلِ الرَّبِيعِ.

٤) ـــــ الناس في الحديقة يوم الأحد.

☐ ا) يسكن ☑ ج) يتجول

☐ ب) يدرس ☐ د) يعمل

يَتَجَوَّلُ النَّاسُ فِى الْحَدِيقَةِ يَوْمَ الْأَحَدِ.

Exercise 80, Page 84, Corrections

حل تمرين رقم ٨٠، صفحة رقم ٨٤

١) ـــــ إليك غدا لأراك.

- ☑ ا) سآتي
- ☐ ب) سأتي
- ☐ ج) سأأتي
- ☐ د) سآجيء

سَآتِي إِلَيْكَ غَداً لِأَرَاكَ.

٢) سألها زميلها: لماذا ـــــ إلى المكتب أمس ؟

- ☐ ا) لم تأتِ
- ☐ ب) لم أتيت
- ☐ ج) لم تأتين
- ☑ د) لم تأتي

سَأَلَهَا زَمِيلُهَا: لِمَاذَا لَمْ تَأْتِي إِلَى الْمَكْتَبِ أَمْسِ.

٣) ـــــ كل الطلاب اليوم.

- ☐ ا) جاؤوا
- ☑ ب) جاء
- ☐ ج) يجيئون
- ☐ د) يجئون

جَاءَ كُلُّ الطُّلَّابِ اَلْيَوْمَ.

٤) نتناول طعام العشاء قبل الذهاب إلى ـــــ .

- ☐ ا) العمل
- ☐ ب) المدرسة
- ☐ ج) المكتب
- ☑ د) الفراش

نَتَنَاوَلُ طَعَامَ الْعَشَاءِ قَبْلَ الذَّهَابِ إِلَى الْفِرَاشِ.

Exercise 81, Page 85, Corrections

حل تمرين رقم ٨١، صفحة رقم ٨٥

١) يقرأ بسهولة ولكنه يكتب ـــــــ .

☐ ا) ببطء ☐ ج) بطلاقة

☑ ب) بصعوبة ☐ د) بوضوح

يَقْرَأُ بِسُهُولَةٍ وَلَكِنَّهُ يَكْتُبُ بِصُعُوبَةٍ.

٢) لا أستطيع الانتظار ـــــ لأنه ليس لي وقت.

☑ ا) طويلا ☐ ج) جيدا

☐ ب) جدا ☐ د) تقريبا

لا أَسْتَطِيعُ الْانْتِظَارَ طَوِيلاً لِأَنَّهُ لَيْسَ لِي وَقْتٌ.

٣) ـــــ صديقكِ إلى تناول طعام العشاء.

☐ ا) تدعو ☐ ج) تدعوين

☐ ب) تدعون ☑ د) تدعين

تَدْعِينَ صَدِيقَكِ إِلَى تَنَاوُلِ طَعَامِ الْعَشَاءِ.

٤) لا أفهم ما يقوله لأنه لا يتكلم ـــــــ .

☐ ا) بسهولة ☐ ج) بصعوبة

☐ ب) بسرعة ☑ د) بوضوح

لَا أَفْهَمُ مَا يَقُولُهُ لِأَنَّهُ لَا يَتَكَلَّمُ بِوُضُوحٍ.

Exercise 82, Page 86, Corrections

حل تمرين رقم ٨٢، صفحة رقم ٨٦

١) ــــــ المسافرون في قاعة الانتظار.

☐ ا) ينظر ☐ ج) ينتظرون

☐ ب) ينظرون ☑ د) ينتظر

يَنْتَظِرُ الْمُسَافِرُونَ فِي قَاعَةِ الْانْتِظَارِ.

٢) كيف ــــــ بهذه الكلمة، من فضلك ؟

☐ ا) نقرأ ☑ ج) ننطق

☐ ب) نفهم ☐ د) نكتب

كَيْفَ نَنْطُقُ بِهَذِهِ الْكَلِمَةِ، مِنْ فَظْلِكَ؟

٣) لا نسمع عندما لا ــــــ.

☐ ا) ننظر ☑ ج) نستمع

☐ ب) نشم ☐ د) نرى

لَا نَسْمَعُ عِنْدَمَا لَا نَسْتَمِعُ.

٤) يوجد إثنا عشر ــــــ في السنة.

☑ ا) شهراً ☐ ج) شهورٌ

☐ ب) شهر ☐ د) شهرٌ

يُوجَدُ إِثْنَا عَشَرَ شَهْراً فِي السَّنَةِ.

Exercise 83, Page 87, Corrections

حل تمرين رقم ٨٣، صفحة رقم ٨٧

١) بدأ الطفل ينطق بـ ______ .

☑ ا) بعض الكلمات ☐ ج) بعض كلمة

☐ ب) بعض كلمات ☐ د) بعض الكلمة

بَدَأَ الطِّفْلُ يَنْطُقُ بِبَعْضِ الْكَلِمَاتِ.

٢) لم يصل القطار ______ .

☐ ا) قبل ☐ ج) بعدَ

☐ ب) حيث ☑ د) بعدُ

لَمْ يصِلِ الْقِطَارُ بَعْدُ.

٣) أرسل ______ إلى أصدقائي.

☐ ا) دعوتاً ☐ ج) دعواتاً

☐ ب) دعوةٌ ☑ د) دعواتٍ

أُرْسِلُ دَعَوَاتٍ إِلَى أَصْدِقَائِي.

٤) عاش ______ في الخارج.

☐ ا) بضع سنة ☑ ج) بضع سنوات

☐ ب) بضعة سنة ☐ د) بضعة سنوات

عَاشَ بِضْعَ سَنَوَاتٍ فِي الْخَارِجِ.

Exercise 84, Page 88, Corrections

حل تمرين رقم ٨٤، صفحة رقم ٨٨

١) ــــــ الدعوة بكل سرور رغم أنني كنت مشغولة.

☐ ا) قبلتَ ☐ ج) قبلت

☑ ب) قبلتُ ☐ د) قبلتْ

قَبِلْتُ الدَّعْوَةَ بِكُلِّ سُرُورٍ رَغْمَ أَنَّنِي كُنْتُ مَشْغُولَةً.

٢) أنتظر في ــــــ .

☐ ا) هذه قاعة الانتظار ☐ ج) تلك قاعة الانتظار

☑ ب) قاعة الانتظارهذه ☐ د) هاذه قاعة الانتظار

أَنْتَظِرُ فِي قَاعَةِ الْاِنْتِظَارِ هَذِهِ.

٣) أنتظركِ حتى ــــــ .

☐ ا) تعودين ☐ ج) تعودَ

☑ ب) تعودي ☐ د) تعودُ

أَنْتَظِرُكِ حَتَّى تَعُودِي.

٤) انتظر ــــــ من فضلك.

☐ ا) لحظةٌ ☑ ج) لحظةً

☐ ب) لحظة ☐ د) لحظاتُ

اِنْتَظِرْ لَحْظَةً، مِنْ فَضْلِكَ.

Exercise 85, Page 89, Corrections

حل تمرين رقم ٨٥، صفحة رقم ٨٩

١) تفتح المدارس والجامعات أبوابها في فصل ـــــــ .

☐ ا) الشتاء ☑ ج) الخريف

☐ ب) الربيع ☐ د) الصيف

تَفْتَحُ الْمَدَارِسُ وَالْجَامِعَاتُ أَبْوَابَهَا فِي فَصْلِ الْخَرِيفِ.

٢) ـــــــ الفتاة الشاب إلى صديقتها.

☐ ا) تقابل ☐ ج) تغير

☑ ب) تقدم ☐ د) تتقابل

تُقَدِّمُ الْفَتَاةُ الشَّابَّ إِلَى صَدِيقَتِهَا.

٣) نستحم ـــــــ .

☑ ا) بعد القيام من النوم ☐ ج) قبل القيام من النوم

☐ ب) بعد الذهاب إلى الفراش ☐ د) بدون توقف

نَسْتَحِمُّ بَعْدَ الْقِيَامِ مِنَ النَّوْمِ.

٤) عندما نتعب نكون في حاجة إلى ـــــــ .

☑ ا) الراحة ☐ ج) الشرب

☐ ب) الأكل ☐ د) العمل

عِنْدَمَا نَتْعَبُ نَكُونُ فِي حَاجَةٍ إِلَى الرَّاحَةِ.

Exercise 86, Page 90, Corrections

حل تمرين رقم ٨٦، صفحة رقم ٩٠

١) نغسل ملابسنا لكي تصير_____ .

☐ ا) صغيرة ☐ ج) كبيرة

☐ ب) خفيفة ☑ د) نظيفة

نَغْسِلُ مَلابِسَنَا لِكَيْ تَصِيرَ نَظِيفَةً.

٢) للحيوانات _____ ولكنها لا تتكلم.

☐ ا) وجه ☐ ج) أيادٍ

☑ ب) لسان ☐ د) رأس

لِلْحَيَوَانَاتِ لِسَانٌ وَلَكِنَّهَا لا تَتَكَلَّمُ.

٣) _____ عندما نتعب.

☐ ا) نأكل ☐ ج) نشرب

☑ ب) نستريح ☐ د) نستحم

نَسْتَرِيحُ عِنْدَمَا نَتْعَبُ.

٤) لا يلبس معظم الناس شيئا على _____ .

☐ ا) أرجلهم ☐ ج) وجوههم

☐ ب) أيديهم ☑ د) رؤوسهم

لا يَلْبَسُ مُعْظَمُ النَّاسِ شَيْئاً عَلَى رُؤُوسِهِمْ.

Exercise 87, Page 91, Corrections

حل تمرين رقم ٨٧، صفحة رقم ٩١

١) ـــــــ الطعام باللسان.

☐ ا) نلمس ☐ ج) نشم

☐ ب) نسمع ☑ د) نذوق

نَذُوقُ الطَّعَامِ بِاللِّسَانِ.

٢) ـــــــ الملابس بالماء السخن.

☐ ا) نشتري ☐ ج) نلبس

☐ ب) نغير ☑ د) نغسل

نَغْسِلُ الْمَلابِسَ بِالْمَاءِ السُّخْنِ

٣) يأكل الطلا ب في ـــــــ .

☑ ا) المطعم الجامعي ☐ ج) مطعم المطار

☐ ب) المطعم الدراسي ☐ د) مطعم المحطة

يَأْكُلُ الطُّلَّابُ فِي الْمَطْعَمِ الْجَامِعِيِّ.

٤) يذهب الطلاب في العطلة الصيفية في ـــــــ السنة الدراسية.

☑ ا) نهاية ☐ ج) أول

☐ ب) بداية ☐ د) وسط

يَذْهَبُ الطُّلَّابُ فِي الْعُطْلَةِ الصَّيْفِيَّةِ فِي نِهَايَةِ السَّنَةِ الدِّرَاسِيَّةِ.

Exercise 88, Page 92, Corrections

حل تمرين رقم ٨٨، صفحة رقم ٩٢

١) من هما ـــــــ الآنستان، هناك ؟

☐ ا) تينك ☐ ج) هاتين

☑ ب) تانك ☐ د) هاتان

مَنْ هُمَا تَانِكَ الْآنِسَتَان، هُنَاكَ ؟

٢) يقيم ـــــــ في المدينة الجامعية.

☑ ا) معظم الطلاب ☐ ج) المعظم طلاب

☐ ب) معظم طلاب ☐ د) المعظم الطلاب

يُقِيمُ مُعْظَمُ الطُّلَّابِ فِي الْمَدِينَةِ الْجَامِعِيَّةِ.

٣) أذهب ـــــــ إلى السينما لأنه ليس لي وقت.

☐ ا) دائما ☐ ج) كثيرا

☑ ب) نادرا ☐ د) أبدا

أَذْهَبُ نَادِراً إِلَى السِّينِمَا لِأَنَّهُ لَيْسَ لِي وَقْتٌ.

٤) ـــــــ الطقس في فصل الخريف.

☐ ا) يتقابل ☐ ج) يقابل

☑ ب) يتقلب ☐ د) يستقبل

يَتَقَلَّبُ الطَّقْسُ فِي فَصْلِ الْخَرِيفِ.

Exercise 89, Page 95, Corrections

حل تمرين رقم ٨٩، صفحة رقم ٩٥

١) ______ نـاديـة.

☐ أ) عـمـلـهـا ☑ ج) إسـمـهـا

☐ ب) جـنـسيتـهـا ☐ د) وظـيـفـتـهـا

إِسْمُهَا نَـادِيَـةٌ.

٢) أسكن فـي ______ .

☐ أ) مـكـتـب ☐ ج) مـدرسـة

☐ ب) مـطـعـم ☑ د) مـنـزل

أَسْكُنُ فِي مَـنْزِلٍ.

٣) وظـيـفـتـي ______ .

☑ أ) طـبـيـبـة ☐ ج) مـنـظـمـة

☐ ب) فـرنـسيـة ☐ د) فـاطـمـة

وَظِيفَتِي طَبِيبَةٌ.

٤) ______ سـويـسريـة.

☐ أ) وظـيـفـتـي ☑ ج) جـنـسيـتـي

☐ ب) عـمـلـي ☐ د) بـلـدي

جِنْسِيَّتِي سُوِيسْرِيَّةٌ.

Exercise 90, Page 96, Corrections

حل تمرين رقم ٩٠، صفحة رقم ٩٦

١) لست متزوجة؛ أنا ______ .

☐ أ) موظفة ☑ ج) عازبة

☐ ب) بريطانية ☐ د) طبيبة

لَسْتُ مُتَزَوِّجَةً؛ أَنَا عَازِبَةٌ.

٢) ______ طفلة صغيرة.

☑ أ) تبنيت ☐ ج) تمنيت

☐ ب) تقلبت ☐ د) تغيرت

تَبَنَّيْتُ طِفْلَةً صَغِيرَةً.

٣) ______ إبنه بمدرسة دولية.

☐ أ) يذهب ☐ ج) يسكن

☐ ب) يعود ☑ د) يلتحق

يَلْتَحِقُ إِبْنُهُ بِمَدْرَسَةٍ دُوَلِيَّةٍ.

٤) لم أنقل؛ ______ أسكن هنا.

☐ أ) لم أعد ☑ ج) ما زلت

☐ ب) لم تعد ☐ د) ما زلنا

لَمْ أَنْقُلْ؛ مَا زِلْتُ أَسْكُنُ هُنَا.

Exercise 91, Page 97, Corrections

حل تمرين رقم ٩١، صفحة رقم ٩٧

١) ــــــــ بصديقي في الهاتف تقريبا كل يوم.

☐ أ) أصل ☑ ج) أتصل

☐ ب) أعمل ☐ د) أعرف

أَتَّصِلُ بِصَدِيقِي فِي الْهَاتِفِ تَقْرِيباً كُلَّ يَومٍ.

٢) أنا طالبة، ــــــــ دراسات في الجامعة.

☐ أ) أدرس ☐ ج) أتعلم

☐ ب) أعمل ☑ د) أتابع

أَنَا طَالِبَةٌ، أُتَابِعُ دِرَاسَاتٍ فِي الْجَامِعَةِ.

٣) لا أكتب إلى صديقي لأنني لا أعرف ــــــــ .

☐ أ) اسمه ☑ ج) عنوانه

☐ ب) عمله ☐ د) جنسيته

لَا أَكْتُبُ إِلَى صَدِيقِي لِأَنَّنِي لَا أَعْرِفُ عُنْوَانَهُ.

٤) ــــــــ الناس يومي السبت والأحد.

☐ أ) يعمل ☐ ج) يبدأ

☑ ب) يستريح ☐ د) يسكن

يَسْتَرِيحُ النَّاسُ يَوْمَيْ السَّبْتِ وَالْأَحَدِ.

Exercise 92, Page 98, Corrections

حل تمرين رقم ٩٢، صفحة رقم ٩٨

١) يسرني أن ــــــــــك إلى أسرتي.

☐ أ) أفهم ☐ ج) أرى

☑ ب) أقدم ☐ د) أسمع

يَسُرُّنِي أَنْ أُقَدِّمَكَ إِلَى أُسْرَتِي.

٢) بودي أن ــــــــ إلى تناول طعام الغداء معي غدا.

☐ أ) أستقبلك ☑ ج) أدعوك

☐ ب) أشكرك ☐ د) أقابلك

بِوُدِّي أَنْ أَدْعُوَكَ إِلَى تَنَاوُلِ طَعَامِ الْغَدَاءِ مَعِي غَداً.

٣) ــــــــ على قبولك دعوتي إلى طعام العشاء.

☐ أ) أقدمك ☑ ج) أشكرك

☐ ب) أستقبلك ☐ د) أعرفك

أَشْكُرُكَ عَلَى قَبُولِكَ دَعْوَتِي إِلَى طَعَامِ الْعَشَاءِ.

٤) ــــــــ يعمل هنا؛ يعمل في المطار الآن.

☐ أ) مازال ☐ ج) لم أعد

☑ ب) لم يعد ☐ د) لا يزال

لَمْ يَعُدْ يَعْمَلُ هُنَا؛ يَعْمَلُ فِي الْمَطَارِ الآنَ.

Exercise 93, Page 99, Corrections

حل تمرين رقم ٩٣، صفحة رقم ٩٩

١) يقيم في هذه العمارة، ولكنه لا يقيم في ______ .

☐ أ) هذا البلد ☐ ج) هذا الشارع

☐ ب) هذه المدينة ☑ د) هذا الطابق

يُقِيمُ فِي هَذِهِ الْعِمَارَةِ وَلَكِنَّهُ لَا يُقِيمُ فِي هَذَا الطَّابِقِ.

٢) ______ تعمل في اليوم ؟

☑ أ) كم ساعة ☐ ج) كم الساعة

☐ ب) كم ساعات ☐ د) كم الساعات

كَمْ سَاعَةً تَعْمَلُ فِي الْيَوْمِ؟

٣) الساعة الآن ______ .

☐ أ) العشرة ☑ ج) العاشرة

☐ ب) عشرة ☐ د) عاشرة

اَلسَّاعَةُ الآنَ اَلْعَاشِرَةُ.

٤) أتكلم ثلاث لغات ______ .

☐ أ) أجنبيات ☐ ج) أجنبيةً

☐ ب) أجنبياتاً ☑ د) أجنبيةٍ

أَتَكَلَّمُ ثَلاثَ لُغَاتٍ أَجْنَبِيَّةٍ.

Exercise 94, Page 100, Corrections

حل تمرين رقم ٩٤، صفحة رقم ١٠٠

١) أعمل ______ أيام في الأسبوع.

☑ أ) خمسة ☐ ج) خمس

☐ ب) الخمسة ☐ د) الخمس

أَعْمَلُ خَمْسَةَ أَيَّامٍ فِي الْأُسْبُوعِ.

٢) ______ تذهبين الآن ؟

☐ أ) أين ☑ ج) إلى أين

☐ ب) من أين ☐ د) كم

إِلَى أَيْنَ تَذْهَبِينَ الْآنَ؟

٣) نقلت ______ الضاحية.

☐ أ) على ☐ ج) ب

☐ ب) في ☑ د) إلى

نَقَلْتُ إِلَى الضَّاحِيَةِ.

٤) ______ لك نهارا سعيدا.

☑ أ) أتمنى ☐ ج) أتبنى

☐ ب) أقبل ☐ د) أقدم

أَتَمَنَّى لَكَ نَهَاراً سَعِيداً.

Exercise 95, Page 101, Corrections

حل تمرين رقم ٩٥، صفحة رقم ١٠١

١) يوم العطلة بالنسبة للمسلمين هو يوم ______ .

☐ أ) الخميس ☐ ج) الأحد

☑ ب) الجمعة ☐ د) السبت

يَوْمُ الْعُطْلَةِ بِالنِّسْبَةِ لِلْمُسْلِمِينَ هُوَ يَوْمُ الْجُمُعَةِ.

٢) يوم الأحد هو يوم عطلة بالنسبة لـ ______ .

☑ أ) المسيحيين ☐ ج) المسلمين

☐ ب) اليهود ☐ د) البوذيين

يَوْمُ الْأَحَدِ هُويَوْمُ عُطْلَةٍ بِالنِّسْبَةِ لِلْمَسِيحِيِّينَ .

٣) اليوم يوم الأربعاء؛ أمس كان يوم ______ .

☐ أ) الخميس ☐ ج) الإثنين

☐ ب) الجمعة ☑ د) الثلاثاء

أَلْيَوْمَ يَوْمُ الأَرْبَعَاءِ؛ أَمْسِ كَانَ يَوْمَ الثُّلاثَاءِ.

٤) اليوم يوم الخميس؛ ______ سيكون يوم الجمعة.

☐ أ) أمس ☐ ج) أول أمس

☑ ب) غدا ☐ د) بعد غد

اَلْيَوْمَ يَوْمُ الْخَمِيسِ؛ غَداً سَيَكُونُ يومَ الْجُمُعَةِ.

Exercise 96, Page 102, Corrections

حل تمرين رقم ٩٦، صفحة رقم ١٠٢

١) ـــــــ كل بلد بعيده الوطني.

☐ أ) يلتحق ☐ ج) يستقبل

☑ ب) يحتفل ☐ د) يحب

يَحْتَفِلُ كُلُّ بَلَدٍ بِعِيدِهِ الْوَطَنِيِّ.

٢) أبدأ العمل في الثامنة وزميلي يبدأ بعدي أي في ـــــــ.

☐ أ) السادسة ☐ ج) الواحدة

☑ ب) التاسعة ☐ د) السابعة

أَبْدَأُ الْعَمَلَ فِي االثَّامِنَةِ وَزَمِيلِي يَبْدَأُ بَعْدِي أَيْ فِي التَّاسِعَةِ.

٣) أعمل أربع ساعات في الصباح أي من الثامنة إلى ـــــــ.

☐ أ) العاشرة ☑ ج) الثانية عشرة

☐ ب) التاسعة ☐ د) الحادية عشرة

أَعْمَلُ أَرْبَعَ سَاعَاتٍ فِي الصَّبَاحِ أَيْ مِنَ الثَّامِنَةِ إِلَى الثَّانِيَةَ عَشْرَةَ.

٤) أتوقف عن العمل ربع ساعة لكي ـــــ فنجانا من القهوة.

☑ أ) أتناول ☐ ج) آكل

☐ ب) أتعشى ☐ د) أبدأ

أَتَوَقَّفُ عَنِ الْعَمَلِ رُبُعَ سَاعَةٍ لِكَيْ أَتَنَاوَلَ فِنْجَاناً مِنَ الْقَهْوَةِ.

Exercise 97, Page 103, Corrections

حل تمرين رقم ٩٧، صفحة رقم ١٠٣

١) أقوم من النوم مبكرا/مبكرة ______ .

- ☐ أ) في المساء
- ☑ ج) في الصباح
- ☐ ب) عند الظهر
- ☐ د) بعد الظهر

أَقُومُ مِنَ النَّوْمِ مُبَكِّراً/مُبَكِّرَةً فِي الصَّبَاحِ.

٢) أتناول طعام الفطور ______ .

- ☐ أ) عند الظهر
- ☑ ج) في الصباح
- ☐ ب) بعد الظهر
- ☐ د) في الليل

أَتَنَاوَلُ طَعَامَ الْفَطُورِ فِي الصَّبَاحِ.

٣) ______ عند الظهر.

- ☐ أ) أتمنى
- ☐ ج) أتبنى
- ☐ ب) أتعشى
- ☑ د) أتغدى

أَتَغَدَّى عِنْدَ الظُّهْرِ.

٤) ______ العمل في الساعة الثانية بعد الظهر.

- ☑ أ) أستأنف
- ☐ ج) أنتهي
- ☐ ب) أكمل
- ☐ د) أتصل

أَسْتَأْنِفُ الْعَمَلَ فِي السَّاعَةِ الثَّانِيَةِ بَعْدَ الظُّهْرِ.

Exercise 98, Page 104, Corrections

حل تمرين رقم ٩٨، صفحة رقم ١٠٤

١) أتعشى في الساعة ______ مساء.

☑ أ) الثامنة ☐ ج) الواحدة

☐ ب) الثالثة ☐ د) الثانية

أَتَعَشَّى فِي السَّاعَةَ الثَّامِنَةَ مَسَاءً.

٢) ______ عملي في الصباح في التاسعة إلا ربعا.

☐ أ) أستريح ☑ ج) أبدأ

☐ ب) أنتهي ☐ د) أحب

أَبْدَأُ عَمَلِي فِي الصَّبَاحِ فِي التَّاسِعَةِ إلا رُبُعاً.

٣) ______ من عملي على أبعد تقدير في السادسة مساء.

☑ أ) أنتهي ☐ ج) أبدأ

☐ ب) أستأنف ☐ د) أستريح

أَنْتَهِي مِنْ عَمَلِي عَلَى أَبْعَدِ تَقْدِيرٍ فِى السَّادِسَةِ مَسَاءً.

٤) ______ الشمس في الصباح.

☐ أ) تصل ☐ ج) تذهب

☑ ب) تطلع ☐ د) تغرب

تَطْلُعُ الشَّمْسُ فِي الصَّبَاحِ.

Exercise 99, Page 105, Corrections

حل تمرين رقم ٩٩، صفحة رقم ١٠٥

١) تغرب الشمس ______ .

☐ أ) في الصباح ☑ ج) في المساء

☐ ب) عند منتصف الليل ☐ د) عند منتصف النهار

تَغْرُبُ الشَّمْسُ فِي الْمَسَاءِ.

٢) يختلف طلوع الشمس وغروبها بحسب ______ .

☐ أ) السنوات ☑ ج) الفصول

☐ ب) القرون ☐ د) العقود

يَخْتَلِفُ طُلُوعُ الشَّمْسِ وَغُرُوبُهَا بِحَسَبِ الْفُصُولِ.

٣) أذهب إلى الفراش بضع ساعات ______ .

☐ أ) قبل طلوع الشمس ☑ ج) بعد غروب الشمس

☐ ب) عند الظهر ☐ د) قبل غروب الشمس

أَذْهَبُ إِلَى الْفِرَاشِ بِضْعَ سَاعَاتٍ بَعْدَ غُرُوبِ الشَّمْسِ.

٤) أتعشى ______ الذهاب إلى الفراش.

☐ أ) خلال ☐ ج) حول

☑ ب) قبل ☐ د) بعد

أَتَعَشَّى قَبْلَ الذَّهَابِ إِلَى الْفِرَاشِ.

Exercise 100, Page 106, Corrections

حل تمرين رقم ١٠٠، صفحة رقم ١٠٦

١) يتغير ______ عند منتصف الليل.

☐ أ) كل شيء ☐ ج) الجو

☑ ب) التاريخ ☐ د) المناخ

يَتَغَيَّرُ التَّارِيخُ عِنْدَ مُنْتَصَفِ اللَّيْلِ.

٢) الطقس بارد في فصل ______.

☑ أ) الشتاء ☐ ج) الصيف

☐ ب) الخريف ☐ د) الربيع

اَلطَّقْسُ بَارِدٌ فِي فَصْلِ الشِّتَاءِ.

٣) الطقس ______ في فصل الصيف.

☐ أ) معتدل ☐ ج) منعش

☐ ب) بارد ☑ د) حار

اَلطَّقْسُ حَارٌّ فِي فَصْلِ الصَّيْفِ.

٤) ليس المناخ رطبا اليوم؛ هو ______

☐ أ) معتدل ☑ ج) جاف

☐ ب) بارد ☐ د) حار

لَيْسَ الْمُنَاخُ رَطْباً اَلْيَوْمَ؛ هُوَ جَافٌّ.

Exercise 101, Page 107, Corrections

حل تمرين رقم ١٠١ ، صفحة رقم ١٠٧

١) يبدأ فصل الربيع في شهر ______ .

☐ أ) أيار ☑ ج) آذار

☐ ب) شباط ☐ د) حزيران

يَبْدَأُ فَصْلُ الرَّبِيعِ فِي شَهْرِ آذَارَ.

٢) أقصر شهر في السنة هو شهر ______ .

☑ أ) شباط ☐ ج) تموز

☐ ب) آب ☐ د) أيلول

أَقْصَرُ شَهْرٍ فِي السَّنَةِ هُوَ شَهْرُ شَبَاطَ.

٣) ينتهي فصل الخريف في شهر ______ .

☐ أ) تشرين الثاني ☑ ج) كانون الأول

☐ ب) نيسان ☐ د) أيلول

يَنْتَهِي فَصْلُ الْخَرِيفِ فِي شَهْرِ كَانُونِ الْأَوَّلِ.

٤) تفتح المدارس والجامعات أبوابها في فصل ______ .

☐ أ) الربيع ☐ ج) الصيف

☐ ب) الشتاء ☑ د) الخريف

تَفْتَحُ الْمَدَارِسُ وَالْجَامِعَاتُ أَبْوَابَهَا فِي فَصْلِ الْخَرِيفِ.

Exercise 102, Page 108, Corrections

حل تمرين رقم ١٠٢ ، صفحة رقم ١٠٨

١) الشهر العربي القمري التاسع هو شهر ______ .

☐ أ) صفر ☐ ج) ربيع الثاني

☐ ب) ذو القعدة ☑ د) رمضان

اَلشَّهْرُ الْعَرَبِيُّ الْقَمَرِيُّ التَّاسِعُ هُوَ شَهْرُ رَمَضَانَ.

٢) شعبان هو شهر عربي ______ .

☐ أ) شمسي ☐ ج) ثالث

☑ ب) قمري ☐ د) خامس

شَعْبَانُ هُوَ شَهْرٌ عَرَبِيٌّ قَمَرِيٌّ.

٣) الشرق أمامي و ______ خلفي .

☐ أ) الشمال ☑ ج) الغرب

☐ ب) الشمال الشرقي ☐ د) الجنوب

اَلشَّرْقُ أَمَامِي وَالْغَرْبُ خَلْفِي.

٤) الجنوب على يساري والشمال ______ .

☐ أ) على شمالي ☐ ج) أمامي

☐ ب) خلفي ☑ د) على يميني

اَلْجَنُوبُ عَلَى يَسَارِي وَالشَّمَالُ عَلَى يَمِينِي.

Exercise 103, Page 109, Corrections

حل تمرين رقم ١٠٣ ، صفحة رقم ١٠٩

١) تطلع الشمس من ______ .

☐ أ) الجنوب ☐ ج) الشمال

☑ ب) الشرق ☐ د) الغرب

تَطْلُعُ الشَّمْسُ مِنَ الشَّرْقِ.

٢) تدور الأرض حول ______ مرة في السنة.

☐ أ) القمر ☑ ج) الشمس

☐ ب) نفسها ☐ د) المريخ

تَدُورُ الأَرْضُ حَوْلَ الشَّمْسِ مَرَّةً فِى السَّنَةِ.

٣) الأرض ______ .

☐ أ) مستطيلة ☐ ج) مربعة

☐ ب) مسطحة ☑ د) كروية الشكل

اَلأَرْضُ كُرَوِيَّةُ الشَّكْلِ.

٤) ______ القمر نور الشمس على الأرض.

☐ أ) يدور ☑ ج) يعكس

☐ ب) يطلع ☐ د) يغرب

يَعْكِسُ الْقَمَرُ نُورَ الشَّمْسِ عَلَى الْأَرْضِ.

Exercise 104, Page 110, Corrections

حل تمرين رقم ١٠٤ ، صفحة رقم ١١٠

١) تبدو الشمس وكأنها صغيرة، ولكنها في الواقع ______ جدا.

☐ أ) جديدة ☐ ج) باردة

☐ ب) قريبة ☑ د) كبيرة

تَبْدُو الشَّمْسُ وكَأَنَّهَا صَغِيرَةٌ ولَكِنَّهَا فِي الْوَاقِعِ كَبِيرَةٌ جِدّاً.

٢) الدم ______ اللون.

☐ أ) أسود ☐ ج) أزرق

☑ ب) أحمر ☐ د) أبيض

اَلدَّمُ أَحْمَرُ اللَّوْنِ.

٣) ______ أبيض اللون.

☐ أ) الشاي ☐ ج) البن

☐ ب) القهوة ☑ د) الثلج

اَلثَّلْجُ أَبْيَضُ اللَّوْنِ.

٤) ______ خضراء في فصل الربيع.

☐ أ) الطقس ☐ ج) السماء

☑ ب) الطبيعة ☐ د) المناخ

اَلطَّبِيعَةُ خَضْرَاءُ فِي فَصْلِ الرَّبِيعِ.

Exercise 105, Page 111, Corrections

حل تمرين رقم ١٠٥ ، صفحة رقم ١١١

١) ليس لـ ــــــــ لون ولا شكل ولا رائحة.

☐ أ) الدم ☑ ج) الماء

☐ ب) القهوة ☐ د) الشاي

لَيْسَ لِلْمَاءِ لَونٌ وَلَا شَكْلٌ وَلَا رَائِحَةٌ.

٢) ليست زميلتها في العمل شقراء؛ هي ــــــــ .

☐ أ) رمادية ☐ ج) خضراء

☐ ب) بنفسجية ☑ د) سمراء

لَيْسَتْ زَمِيلَتُهَا فِي الْعَمَلِ شَقْرَاءَ؛ هِيَ سَمْرَاءُ.

٣) هذه السيدة عمتي، أي هي ــــــــ .

☐ أ) أخت أمي ☐ ج) بنت أخي

☑ ب) أخت أبي ☐ د) بنت أختي

هَذِهِ السَّيِّدَةُ عَمَّتِي، أَيْ هِيَ أُخْتُ أَبِي.

٤) هذا الصبي إبن أختي، أي أنا ــــــــ .

☐ أ) عمه ☐ ج) حفيده

☑ ب) خاله ☐ د) جده

هَذَا الصَّبِيُّ إِبْنُ أُخْتِي، أَيْ أَنَا خَالُهُ.

Exercise 106, Page 112, Corrections

حل تمرين رقم ١٠٦، صفحة رقم ١١٢

١) آكل وأشرب عندما ______ .

☐ أ) أنعس وأتعب ☐ ج) أستريح وأنام

☑ ب) أجوع وأعطش ☐ د) أشبع وأتعب

آكُلُ وَأَشْرَبُ عِنْدَمَا أَجُوعُ وَأَعْطَشُ.

٢) أريد أن أنام لأنني ______ .

☐ أ) عطشان/عطشى ☐ ج) تعبان/تعبى

☑ ب) نعسان/نعسى ☐ د) شبعان/شبعى

أُرِيدُ أَنْ أَنَامَ لِأَنَّنِي نَعْسَانُ/نَعْسَى.

٣) شعرت بالتعب أمس لأنني لم ______ .

☑ أ) أسترح ☐ ج) آكل

☐ ب) أعمل ☐ د) أشرب

شَعَرْتُ بِالتَّعَبِ أَمْسِ لِأَنَّنِي لَمْ أَسْتَرِحْ.

٤) أنا شبعى، لهذا أتوقف عن ______ .

☐ أ) النوم ☐ ج) القراءة

☑ ب) الأكل ☐ د) العمل

أَنَا شَبْعَى، لِهَذَا أَتَوَقَّفُ عَنِ الأَكْلِ.

Exercise 107, Page 113, Corrections

حل تمرين رقم ١٠٧ ، صفحة رقم ١١٣

١) يبعد المطار عن هنا خمسة عشر ______ .

☐ أ) مترا ☐ ج) كيلوغراما

☐ ب) دقائق ☑ د) كيلومترا

يَبْعُدُ المَطَارُ عَنْ هُنا خَمْسَةَ عَشَرَ كِيلُومِتْراً.

٢) أستغرق عشرين ______ للذهاب من المنزل إلى المكتب.

☐ أ) كيلومترا ☐ ج) لترا

☑ ب) دقيقة ☐ د) ساعات

أَسْتَغْرِقُ عِشْرِينَ دَقِيقَةً لِلذَّهَابِ مِنَ الْمَنْزِلِ إِلَى الْمَكْتَبِ.

٣) ______ مائة ميل حوالي مائة وستين كيلومترا.

☐ أ) تبعد ☑ ج) تعادل

☐ ب) توجد ☐ د) تقع

تُعَادِلُ مِائَةُ مِيلٍ حَوَالَيْ مِائَةٍ وَسِتِّينَ كِيلُومِتْراً.

٤) عمق حوض السباحة هذا ______ .

☐ أ) كيلومتران ☐ ج) فرنكان

☐ ب) لتران ☑ د) متران

عُمْقُ حَوْضِ السِّبَاحَةِ هَذَا مِتْرَانِ.

Exercise 108, Page 114, Corrections

حل تمرين رقم ١٠٨، صفحة رقم ١١٤

١) لا أجد هذه المسافة طويلة، بل ـــــ .

☐ أ) أستسهلها ☐ ج) أسترخصها

☑ ب) أستقصرها ☐ د) أستحسنها

لَا أَجِدُ هَذِهِ الْمَسَافَةَ طَوِيلَةً، بَلْ أَسْتَقْصِرُهَا.

٢) أذهب إلى ـــــ لقضاء الحاجات.

☐ أ) المطار ☑ ج) السوق

☐ ب) المطعم ☐ د) مكتب البريد

أَذْهَبُ إِلَى السُّوقِ لِقَضَاءِ الْحَاجَاتِ.

٣) وزن قطعة اللحم هذه ـــــ واحد.

☐ أ) متر ☐ ج) دولار

☐ ب) كيلومتر ☑ د) كيلوغرام

وَزْنُ قِطْعَةِ اللَّحْمِ هَذِهِ كِيلُوغْرَامٌ وَاحِدٌ.

٤) ما هي ـــــ الماء التي تشربها يوميا ؟

☐ أ) قطعة ☐ ج) مبلغ

☑ ب) كمية ☐ د) سعر

مَا هِيَ كَمِّيَّةُ الْمَاءِ الَّتِي تَشْرَبُهَا يَوْمِيّاً ؟

Exercise 109, Page 115, Corrections

حل تمرين رقم ١٠٩ ، صفحة رقم ١١٥

١) تحتوي هذه الزجاجة على نصف ______ من الماء.

- ☑ أ) اللتر
- ☐ ب) الرطل
- ☐ ج) الكيلوغرام
- ☐ د) الدولار

تَحْتَوِي هَذِهِ الزُّجَاجَةُ عَلَى نِصْفِ اللِّتْرِ مِنَ الْمَاءِ.

٢) ______ البضاعة بواسطة ميزان.

- ☐ أ) نقيس
- ☐ ب) نشتري
- ☑ ج) نزن
- ☐ د) نكيل

نَزِنُ الْبِضَاعَةَ بِوَاسِطَةِ مِيزَانٍ.

٣) لا يأكل النباتيون ______ .

- ☐ أ) الخضارة
- ☐ ب) الخبز
- ☑ ج) اللحم
- ☐ د) الشاي

لَا يَأْكُلُ النَّبَاتِيُّونَ اللَّحْمَ.

٤) ______ هذه القطعة من النسيج ٧ أمتار طولا و ٤ أمتار عرضا.

- ☐ أ) ثمن
- ☐ ب) سعر
- ☐ ج) وزن
- ☑ د) حجم

حَجْمُ هَذِهِ الْقِطْعَةِ مِنَ النَّسِيجِ ٧ أَمْتَارٍ طُولاً وَ ٤ أَمْتَارٍ عَرْضاً.

Exercise 110, Page 116, Corrections

حل تمرين رقم ١١٠، صفحة رقم ١١٦

١) ثمن هذا الكتاب عشرون ______ .

☐ أ) مترا ☑ ج) دولارا

☐ ب) كيلوغراما ☐ د) كيلومترا

ثَمَنُ هَذَا الْكِتَابِ عِشْرُونَ دُولَاراً.

٢) ما هو ______ الذي دفعته لشراء سيارتك ؟

☐ أ) العمل ☐ ج) الحجم

☑ ب) المبلغ ☐ د) العمق

مَا هُوَ الْمَبْلَغُ الَّذِي دَفَعْتَهُ لِشِرَاءِ سَيَّارَتِكَ ؟

٣) نشتري الخضارة من عند ______ .

☐ أ) الجزار ☑ ج) البقال

☐ ب) الخباز ☐ د) الحلاق

نَشْتَرِي الْخُضَارَةَمِنْ عِنْدِ الْبَقَّالِ.

٤) نتمكن من معرفة عدد السكان بواسطة ______ .

☐ أ) عداد ☑ ج) الإحصاءات

☐ ب) ميزان ☐ د) مقياس

نَتَمَكَّنُ مِن مَّعْرِفَةِ عَدَدِ السُّكَّانِ بِوَاسِطَةِ الإِحْصَاءَاتِ.

Exercise 111, Page 117, Corrections

حل تمرين رقم ١١١، صفحة رقم ١١٧

١) ما هو ـــــــ هذا الشارع ؟

☐ أ) ثمن　　☐ ج) مبلغ

☐ ب) حجم　　☑ د) طول

مَا هُوَ طُولُ هَذَا الشَّارِعِ ؟

٢) ـــــــ هذا الفستان سبعون دولارا.

☐ أ) عدد　　☑ ج) سعر

☐ ب) كمية　　☐ د) مبلغ

سِعْرُ هَذَا الْفُسْتَانِ سَبْعُونَ دُولاراً.

٣) تسير هذه السيارة بسرعة ثمانين ـــــــ في الساعة.

☐ أ) كيلومتراتٍ　　☐ ج) كيلومترٌ

☑ ب) كيلومتراً　　☐ د) كيلومتر

تَسِيرُ هَذِهِ السَّيَّارَةُ بِسُرْعَةِ ثَمَانِينَ كِيلُومِتْراً فِي السَّاعَةِ.

٤) نعرف المسافة التي تقطعها السيارة بواسطة ـــــ .

☑ أ) عداد　　☐ ج) مقياس

☐ ب) براد　　☐ د) ميزان

نَعْرِفُ الْمَسَافَةَ الَّتِي نَقْطَعُهَا بِوَاسِطَةِ عَدَّادٍ.

Exercise 112, Page 118, Corrections

حل تمرين رقم ١١٢ ، صفحة رقم ١١٨

١) ما هي ــــــــ بين هذه المدينة والعاصمة ؟

☐ أ) المساحة ☐ ج) الكمية

☑ ب) المسافة ☐ د) القطعة

مَا هِيَ الْمَسَافَةُ بَيْنَ هَذِهِ الْمَدِينَةِ وَالْعَاصِمَةِ؟

٢) بعض البلاد أكبر ــــــــ من البلاد الأخرى.

☐ أ) عمقا ☐ ج) مسافة

☑ ب) مساحة ☐ د) عددا

بَعْضُ الْبِلَادِ أَكْبَرُ مسَاحَةً مِنَ الْبِلَادِ الْأُخْرَى.

٣) أدفع الثمن ــــــــ لأن معي نقودا.

☐ أ) دينا ☑ ج) نقدا

☐ ب) دائما ☐ د) أحيانا

أَدْفَعُ الثَّمَنَ نَقْداً لِأَنَّ مَعِي نُقُوداً.

٤) أسير بسرعة في المدينة لا ــــــــ أربعين كيلومترا في الساعة.

☐ أ) توجد ☑ ج) تتجاوز

☐ ب) تقع ☐ د) تستغرق

أَسِيرُ بِسُرْعَةٍ فِي الْمَدِينَةِ لَا تَتَجَاوَزُ أَرْبَعِينَ كِيلُومِتْراً فِي السَّاعَةِ.

Exercise 113, Page 119, Corrections

حل تمرين رقم ١١٣ ، صفحة رقم ١١٩

١) لا ـــــ التاجر بضاعته بنفس السعر الذي يشتريها به.

☐ أ) يقيس　　☐ ج) يزن

☐ ب) يكيل　　☑ د) يبيع

لا يَبِيعُ التَّاجِرُ بِضَاعَتَهُ بِنَفْسِ السِّعْرِ الَّذِي يَشْتَرِيهَا بِهِ.

٢) لا يعرف كل الناس كيف ـــــ .

☐ أ) يزنون　　☐ ج) يقيسون

☐ ب) يبيعون　　☑ د) يسبحون

لا يَعْرِفُ كُلُّ النَّاسِ كَيْفَ يَسْبَحُونَ.

٣) تنخفض القوة الشرائية عندما ـــــ الأسعار.

☐ أ) تهبط　　☑ ج) ترتفع

☐ ب) تنغير　　☐ د) تقل

تَنْخَفِضُ الْقُوَّةُ الشِّرَائِيَّةُ عِنْدَمَا تَرْتَفِعُ الْأَسْعَارُ.

٤) ـــــ بكم اشتريت هذا الفستان لأنني اشتريته منذ مدة طويلة.

☑ أ) نسيت　　☐ ج) ذكرت

☐ ب) تذكرت　　☐ د) قلت

نَسِيتُ بِكَمْ اِشْتَرَيْتُ هَذَا الْفُسْتَانَ لِأَنَّنِي اِشْتَرَيْتُهُ مُنْذُ مُدَّةٍ طَوِيلَةٍ.

Exercise 114, Page 120, Corrections

حل تمرين رقم ١١٤، صفحة رقم ١٢٠

١) ـــــــ هذه الجامعة على ألف طالب وطالبة.

☑ أ) تحتوي ☐ ج) تقع

☐ ب) توجد ☐ د) تبعد

تَحْتَوِي هَذِهِ الْجَامِعَةُ عَلَى أَلْفِ طَالِبٍ وَطَالِبَةٍ.

٢) يبيع الجزار ـــــــ .

☐ أ) الخبز ☑ ج) اللحم

☐ ب) الخضار ☐ د) الفاكهة

يَبِيعُ الْجَزَّارُ اللَّحْمَ.

٣) هذا النسيج ـــــــ لأنه من نوع رفيع.

☐ أ) رخيص ☐ ج) جديد

☑ ب) غال ☐ د) قديم

هَذَا النَّسِيجُ غَالٍ لِأَنَّهُ مِن نَّوْعٍ رَفِيعٍ.

٤) ما ـــــــ هذا المسبح ؟

☐ أ) طول وقياس وعرض ☐ ج) وزن وقياس وحجم

☐ ب) مبلغ وكمية وقطعة ☑ د) طول وعرض وعمق

مَا هُوَ طُولُ وَ عَرْضُ وَعُمْقُ هَذَا المَسْبَحِ؟

Exercise 115, Page 121, Corrections

حل تمرين رقم ١١٥ ، صفحة رقم ١٢١

١) سعر هذا النسيج مرتفع لأنه من نوع ______ .

☑ أ) رفيع ☐ ج) متواضع

☐ ب) جديد ☐ د) قديم

سِعْرُ هَذَا النَّسِيجِ مُرْتَفِعٌ لِأَنَّهُ مِن نَّوْعٍ رَفِيعٍ.

٢) لا أسترخص هذا القميص؛ على العكس ______ .

☐ أ) أستسهله ☐ ج) أستصغره

☐ ب) أستبعده ☑ د) أستغليه

لا أَسْتَرْخِصُ هَذَا الْقَمِيصَ؛ عَلَى الْعَكْسِ أَسْتَغْلِيهِ.

٣) ______ لأنني أظن أنك تقول الحق.

☐ أ) أفهمك ☐ ج) أعرفك

☑ ب) أصدقك ☐ د) أرافقك

أُصَدِّقُكَ لِأَنَّنِي أَظُنُّ أَنَّكَ تَقُولُ الْحَقَّ.

٤) يقدر ______ سكان هذه المدينة بثلاثمائة ألف نسمة .

☐ أ) مبلغ ☑ ج) عدد

☐ ب) حجم ☐ د) عمق

يُقَدَّرُ عَدَدُ سُكَّانِ هَذِهِ الْمَدِينَةِ بِثَلاثِمائَةِ أَلْفِ نَسَمَةٍ.

Exercise 116, Page 122, Corrections

حل تمرين رقم ١١٦ ، صفحة رقم ١٢٢

١) أود أن أسألك سؤالا إذا ______ .

☐ أ) فضلت ☑ ج) سمحت

☐ ب) أحببت ☐ د) أردت

أَوَدُّ أَنْ أَسْأَلَكَ سُؤَالاً إِذَا سَمَحْتَ.

٢) ما هو ______ المواليد والوفيات في بلدك ؟

☐ أ) مبلغ ☐ ج) عدد

☐ ب) حجم ☑ د) معدل

مَا هُوَ مُعَدَّلُ الْمَوَالِيدِ وَالْوَفَيَاتِ فِي بَلَدِكَ ؟

٣) تكون ______ منخفضة عندما يكون مستوى المعيشة مرتفعا.

☐ أ) المقاييس ☐ ج) الموازين

☐ ب) المواليد ☑ د) الوفيات

تَكُونُ الْوَفَيَاتُ مُنْخَفِضَةً عِنْدَمَا يَكُونُ مُسْتَوَى الْمَعِيشَةِ مُرْتَفِعاً.

٤) يعود ارتفاع معدل الوفيات في بعض البلاد إلى ______ .

☐ أ) العلاج الصحي الكافي ☐ ب) انعدام الأمراض

☑ ب) سوء التغذية ☐ د) ارتفاع مستوى المعيشة

يَعُودُ ارْتِفَاعُ مُعَدَّلُ الْوَفَيَاتِ فِي بَعْضِ الْبِلَادِ إِلَى سُوءِ التَّغْذِيَةِ.

Exercise 117, Page 123, Corrections

حل تمرين رقم ١١٧ ، صفحة رقم ١٢٣

١) خمسة ــــــــ أربعة يساوي تسعة.

☐ أ) مضروب في ☐ ب) مقسوم على

☐ ب) ناقص ☑ د) زائد

خَمْسَةٌ زَائِدُ أَرْبَعَةٌ يُسَاوِي تِسْعَةً.

٢) العلامة + (زائد) هي علامة ــــــــ .

☐ أ) الضرب ☐ ب) القسمة

☑ ب) الجمع ☐ د) الطرح

اَلْعَلامَةُ + (زَائِدٌ) هِيَ عَلَامَةُ الْجَمْعِ.

٣) االعلامة √ تعني ــــــــ .

☐ أ) مضروب في ☑ ب) مقسوم على

☐ ب) ناقص ☐ د) زائد

اَلْعَلامَةُ √ تَعْنِي مَقْسُومُ عَلَى.

٤) ــــــــ ناقص أربعة يساوي ثمانية.

☐ أ) إثنان وثلاثون ☑ ب) إثنا عشر

☐ ب) إثنان ☐ د) خمسة

إِثْنَا عَشَرَ نَاقِصُ أَرْبَعَةٌ يْسَاوِي ثَمَانِيَةً.

Exercise 118, Page 124, Corrections

حل تمرين رقم ١١٨، صفحة رقم ١٢٤

١) الجمع علامته هي ______ .

☐ أ) (-) ناقص ☐ ج) (X) مضروب في

☑ ب) (+) زائد ☐ د) (√) مقسوم على

اَلْجَمْعُ عَلَامَتُهُ هِيَ (+) زَائِدٌ.

٢) ______ مضروب في خمسة يساوي عشرين.

☐ أ) مائة ☑ ج) أربعة

☐ ب) خمسة وعشرون ☐ د) خمسة عشر

أَرْبَعَةٌ مَضْرُوبٌ فِي خَمْسَةٍ يُسَاوِي عِشْرِينَ.

٣) ثمانية وأربعون ____ أربعة يساوي إثني عشر.

☐ أ) ناقص ☐ ج) زائد

☑ ب) مقسوم على ☐ د) مضروب في

ثَمَانِيَةٌ وَأَرْبَعُونَ مَقْسُومٌ عَلَى أَرْبَعَةٍ يُسَاوِي إِثْنَيْ عَشَرَ.

٤) ثلاثة زائد أربعة يساوى سبعة هى عملية ____ .

☐ أ) الطرح ☑ ج) الجمع

☐ ب) الضرب ☐ د) القسمة

ثَلَاثَةٌ زَائِدُ أَرْبَعَةٌ يُسَاوِي سَبْعَةً هِيَ عَمَلِيَّةُ الْجَمْعِ.

Exercise 119, Page 125, Corrections

حل تمرين رقم ١١٩ ، صفحة رقم ١٢٥

١) إلى أين ــــــــ أن تسافري هذه السنة ؟

☐ أ) تنوي ☑ ج) تنوين

☐ ب) تنويين ☐ د) تنون

إِلَى أَيْنَ تَنْوِينَ أَنْ تُسَافِرِي هَذِهِ السَّنَةَ ؟

٢) بودي أن أسافر إلى ــــــــ الأوسط.

☐ أ) الشمال ☐ ج) الجنوب

☐ ب) الغرب ☑ د) الشرق

بِوُدِّي أَنْ أُسَافِرَ إِلَى الشَّرْقِ الْأَوْسَطِ.

٣) ليست هذه ــــــــ أسافر فيها إلى بلد عربي.

☑ أ) أول مرة ☐ ج) الأول مرة

☐ ب) أولى مرة ☐ د) الأولى مرة

لَيْسَتْ هَذِهِ أَوَّلَ مَرَّةٍ أُسَافِرُ فِيهَا إِلَى بَلَدٍ عَرَبِيٍّ.

٤) نحتاج إلى ــــــــ للسفر إلى بلد أجنبي.

☐ أ) كتب ☐ ج) ورق

☑ ب) جواز سفر ☐ د) كل شيء

نَحْتَاجُ إِلَى جَوَازِ سَفَرٍ لِلسَّفَرِ إِلَى بَلَدٍ أَجْنَبِيٍّ.

Exercise 120, Page 126, Corrections

حل تمرين رقم ١٢٠، صفحة رقم ١٢٦

١) يجب أن نشتري ______ قبل أن نسافر.

☐ أ) جواز سفر ☑ ج) تذكرة

☐ ب) تأشيرة ☐ د) أوراقا

يَجِبُ أَنْ نَشْتَرِيَ تَذْكِرَةً قَبْلَ أَنْ نُسَافِرَ.

٢) تصدر ______ التأشيرات.

☐ أ) المطارات والمحطات ☐ ج) مكاتب السفر

☐ ب) المدارس والجامعات ☑ د) القنصليات والسفارات

تُصْدِرُ الْقُنْصُلِيَّاتُ وَالسِّفَارَاتُ التَّأْشِيرَاتِ.

٣) ______ إلى البلاد العربية.

☑ أ) سبق أن سافرت ☐ ج) سبق أن أسافر

☐ ب) يسبق أن سافرت ☐ د) يسبق أن أسافر

سَبَقَ أَنْ سَافَرْتُ إِلَى الْبِلَادِالْعَرَبِيَّةِ.

٤) لا أسافر بمفردي، أسافر ______.

☐ أ) لوحدي ☑ ج) برفقة أحد

☐ ب) بنفسي ☐ د) معي

لَا أُسَافِرُ بِمُفْرَدِي، أُسَافِرُ بِرُفْقَةِ أَحَدٍ.

Exercise 121, Page 127, Corrections

حل تمرين رقم ١٢١، صفحة رقم ١٢٧

١) نري جوازاتنا وتأشيراتنا في ______ .

☐ أ) الشارع ☑ ج) الجمارك

☐ ب) كل مكان ☐ د) المحطة

نُرِي جَوَازَاتِنَا وَتَأْشِيرَاتِنَا فِي الْجَمَارِكِ.

٢) لا نستطيع عبور ______ بدون جواز سفر.

☑ أ) الحدود ☐ ج) الشارع

☐ ب) النهر ☐ د) الطريق

لا نَسْتَطِيعُ عُبُورَ الْحُدُودِ بِدُونِ جَوَازِ سَفَرٍ.

٣) السفر بجواز سفر غير صالح ______ .

☐ أ) واقعي ☐ ج) غير واقعي

☐ ب) قانوني ☑ د) غير قانوني

اَلسَّفَرُ بِجَوَازِ سَفَرٍ غَيْرِ صَالِحٍ غَيْرُ قَانُونِيٍّ.

٤) لا يمكن السفر من أوروبا إلى أمريكا بـ ______ .

☐ أ) الباخرة ☐ ج) السفينة

☑ ب) القطار ☐ د) الطائرة

لا يُمْكِنُ السَّفَرُ مِنْ أُورُوبَا إِلَى أَمرِيكَا بِالْقِطَارِ.

Exercise 122, Page 128, Corrections

حل تمرين رقم ١٢٢ ، صفحة رقم ١٢٨

١) ______ وسيلة من وسائل النقل القديمة.

☐ أ) الشاحنة ☐ ج) الحافلة

☐ ب) الطائرة ☑ د) الباخرة

اَلْبَاخِرَةُ وَسِيلَةٌ مِنْ وَسَائِلِ النَّقْلِ الْقَدِيمَةِ.

٢) نقطع التذاكر من ______ .

☐ أ) مطعم المحطة ☑ ج) شباك التذاكر

☐ ب) دكان المطار ☐ د) مكتب البريد

نَقْطَعُ التَّذَاكِرَ مِنْ شُبَّاكِ التَّذَاكِرِ.

٣) عندما نذهب في عطلة نقطع التذاكر ______ .

☐ أ) فقط ذهابا ☐ ج) فقط إيابا

☑ ب) ذهابا وإيابا ☐ د) ذهابا أو إيابا

عِنْدَمَا نَذْهَبُ فِي عُطْلَةٍ نَقْطَعُ التَّذَاكِرَ ذَهَاباً وَإِيَاباً.

٤) نركب السفينة في ______ .

☑ أ) الميناء ☐ ج) فى أي مكان

☐ ب) المحطة ☐ د) المطار

نَرْكَبُ السَّفِينَةَ فِي الْمِينَاءِ.

Exercise 123, Page 129, Corrections

حل تمرين رقم ١٢٣، صفحة رقم ١٢٩

١) أريد أن ــــــ مقعدا في القطار، من فضلك.

☐ أ) أقطع ☑ ج) أحجز

☐ ب) أشتري ☐ د) أبيع

أُرِيدُ أَنْ أَحْجِزَ مَقْعَداً فِي الْقِطَارِ، مِنْ فَضْلِكَ.

٢) قطع تذكرة قبل السفر شيء ــــــ .

☑ أ) ضروري ☐ ج) غير ممكن

☐ ب) غير ضروري ☐ د) واقعي

قَطْعُ تَذْكِرَةٍ قَبْلَ السَّفَرِ شَيْءٌ ضَرُورِيٌّ.

٣) ليس هذا المقعد شاغرا؛ هو ــــــ .

☐ أ) ضروري ☐ ج) قديم

☑ ب) محجوز ☐ د) جديد

لَيْسَ هَذَا الْمَقْعَدُ شَاغِراً؛ هُوَ مَحْجُوزٌ.

٤) لم أقطع التذكرة بعد؛ أقطعها ــــــ .

☐ أ) الأسبوع الماضي ☐ ج) أول أمس

☐ ب) صباح أمس ☑ د) الأسبوع القادم

لَمْ أَقْطَعِ التَّذْكِرَةَ بَعْدُ؛ أَقْطَعُهَا الْأُسْبُوعَ الْقَادِمَ.

Exercise 124, Page 130, Corrections

حل تمرين رقم ١٢٤ ، صفحة رقم ١٣٠

١) لا أستطيع الانتظار طويلا لأنه ______ .

☑ أ) ليس لي وقت ☐ ج) ليس معي نقود

☐ ب) لي وقت ☐ د) معي نقود

لا أَسْتَطِيعُ الانْتِظَارَ طَوِيلاً لِأَنَّهُ لَيْسَ لِي وَقْتٌ.

٢) لم ______ بعد إلى الشرق الأوسط.

☑ أ) أسافرْ ☐ ج) أسافرُ

☐ ب) سافرت ☐ د) أسافرَ

لَمْ أُسَافِرْ بَعْدُ إِلَى الشَّرْقِ الأَوْسَطِ.

٣) يمكنكن أن ______ في المكتب إذا أردتن.

☑ أ) تنتظرن ☐ ج) تنتظرون

☐ ب) تنتظروا ☐ د) تنتظرين

يُمْكِنُكُنَّ أَنْ تَنْتَظِرْنَ فِي الْمَكْتَبِ إِذَا أَرَدْتُنَّ.

٤) سأسافر ______ .

☐ أ) الشهرُ القادمُ ☐ ج) الشهرَ القادمُ

☐ ب) الشهر القادمُ ☑ د) الشهرَ القادمَ

سَأُسَافِرُ اَلشَّهْرَ الْقَادِمَ.

Exercise 125, Page 131, Corrections

حل تمرين رقم ١٢٥ ، صفحة رقم ١٣١

١) فاتني القطار لأنني وصلت إلى المحطة ______ .

☐ أ) قبل الوقت ☐ ج) مبكرة

☐ ب) في الوقت ☑ د) متأخرة

فَاتَنِي الْقِطَارُ لأَنَّنِي وَصَلْتُ إِلَى الْمَحَطَّةِ مُتَأَخِّرَةً.

٢) سنذهب معا إلى المدينة ______ .

☐ أ) إذا تنتظرونني ☐ ج) إذا ستنتظرني

☑ ب) إذا انتظرتني ☐ د) إذا تنتظرني

سَنَذْهَبُ مَعاً إِلَى الْمَدِينَةِ إِذَا انْتَظَرْتَنِي.

٣) أفضل الطائرة ______ القطار وإن كانت أغلى.

☐ أ) إلى ☑ ج) على

☐ ب) في ☐ د) عن

أُفَضِّلُ الطَّائِرَةَ عَلَى الْقِطَارِ وَإِنْ كَانَتْ أَغْلَى.

٤) الطائرة ______ بكثير من القطار.

☑ أ) أسرع وأغلى ☐ ج) أسرع وأرخص

☐ ب) أبطأ وأغلى ☐ د) أبطأ وأرخص

اَلطَّائِرَةُ أَسْرَعُ وَأَغْلَى بِكَثِيرٍ مِنَ الْقِطَارِ.

Exercise 126, Page 132, Corrections
حل تمرين رقم ١٢٦، صفحة رقم ١٣٢

١) القطار ـــــــ من الطائرة.

☐ أ) أغلى وأسرع ☐ ج) أرخص وأسرع

☐ ب) أغلى وأبطأ ☑ د) أرخص وأبطأ

اَلْقِطَارُ أَرْخَصُ وَأَبْطَأُ مِنَ الطَّائِرَةِ.

٢) لست مستعجلة ـــــــ لدي متسع من الوقت.

☑ أ) بعبارة أخرى ☐ ج) على أبعد تقدير

☐ ب) وإن كنت ☐ د) إلا إذا كنت

لَسْتُ مُسْتَعْجِلَةً، بِعِبَارَةٍ أُخْرَى، لَدَيَّ مُتَّسَعٌ مِنَ الْوَقْتِ.

٣) لا أحب السفينة، ـــــــ ،لأنها بطيئة جدا.

☐ أ) بعبارة أخرى ☐ ج) على أبعد تقدير

☑ ب) والحق يقال ☐ د) على أقرب تقدير

لا أُحِبُّ السَّفَرَ بِالسَّفِينَةِ، وَالْحَقُّ يُقَالُ، لأَنَّهَا بَطِيئَةٌ جِداًّ.

٤) عندما لا يكون لدي متسع من الوقت أركب ـــــــ.

☑ أ) أسرع قطار ☐ ج) أسرع القطار

☐ ب) أسرع قطارا ☐ د) القطار أسرع

عِنْدَمَا لا يَكُونُ لَدَيَّ مُتَّسَعٌ مِنَ الْوَقْتِ أَرْكَبُ أَسْرَعِ قِطَارٍ.

Exercise 127, Page 133, Corrections

حل تمرين رقم ١٢٧، صفحة رقم ١٣٣

١) أنا ـــــــ أفضل القطار.

☐ أ) شخصي ☑ ج) شخصيا

☐ ب) شخصيةٌ ☐ د) شخصيةً

أَنَا شَخْصِيّاً أُفَضِّلُ الْقِطَارَ.

٢) يعملن في هذه المدينة ـــــــ لا يسكن فيها.

☐ أ) وإن كنتن ☐ ج) وأن كانت

☑ ب) وإن كن ☐ د) وإن كنا

يَعْمَلْنَ فِي هَذِهِ الْمَدِينَةِ وَإِنْ كُنَّ لَا يَسْكُنَّ فِيهَا.

٣) لستن ـــــــ إلى أن تسافرن كل سنة.

☐ أ) مضطراتاً ☑ ج) مضطراتٍ

☐ ب) مضطرةً ☐ د) مضطرة

لَسْتُنَّ مُضْطَرَّاتٍ إِلَى أَنْ تُسَافِرْنَ كُلَّ سَنَةٍ.

٤) ـــــــ هل قطعت التذكرة أم لا ؟.

☐ أ) قلي ☑ ج) قل لي

☐ ب) قول لي ☐ د) قللي

قُلْ لِي، هَلْ قَطَعْتَ التَّذْكِرَةَ أَمْ لَا ؟

Exercise 128, Page 134, Corrections

حل تمرين رقم ١٢٨، صفحة رقم ١٣٤

١) يسافر معظم الناس في ـــــــ .

☑ أ) الدرجة الثانية ☐ ج) الدرجة ثاتية

☐ ب) الثانية درجة ☐ د) الثانية الدرجة

يُسَافِرُ مُعْظَمُ النَّاسِ فِي الدَّرَجَةِ الثَّانِيَةِ.

٢) هل ـــــــ من أن أسألك سؤالا ؟

☑ أ) ترَيْن مانعا ☐ ج) ترينَ مانعا

☐ ب) ترَى مانعا ☐ د) ترَيْ مانعا

هَلْ تَرَيْنَ مَانِعاً مِنْ أَنْ أَسْأَلَكِ سُؤَالاً ؟

٣) يسافر كثير من الناس ـــــــ في أيامنا.

☐ أ) على الطائرة ☐ ج) في طائرة

☐ ب) بطائرة ☑ د) بالطائرة

يُسَافِرُ كَثِيرٌ مِنَ النَّاسِ بِالطَّائِرَةِ فِي أَيَّامِنَا.

٤) لسنا ـــــــ ؛ لدينا متسع من الوقت .

☑ أ) مستعجلين ☐ ج) مستعجلاتٌ

☐ ب) مستعجلون ☐ د) مستعجلان

لَسْنَا مُسْتَعْجِلِينَ؛ لَدَيْنَا مُتَّسَعٌ مِنَ الْوَقْتِ.

Arabic-English Lexicon

of the words used in the Manual

The words are classified in

alphabetical order

المعجم العربي الإنكليزي

للألفاظ المستعملة في الكتاب

الكلمات مرتبة ترتيبا أبجديا

ا

1	August	آبُ	١
2	father	أَبٌ آباءٌ	٢
3	to smile	ابْتَسَمَ يَبْتَسِمُ ابْتِسَامٌ ل	٣
4	never	أَبَداً	٤
5	slower	أَبْطأُ	٥
6	cheaper	أَرْخَصُ	٦
7	faster, quicker	أَسْرَعُ	٧
8	more expensive	أَغْلَى	٨
9	white	أَبْيَضُ	٩
10	to come	أَتَى يَأْتِي إِتْيَانٌ	١٠
11	twelve	إِثْنَا عَشَرَ	١١
12	two	إِثْنَان	١٢
13	to answer	أَجَابَ يُجِيب إِجَابَةٌ هـ على	١٣
14	foreigner	أَجْنَبِيٌّ أَجَانِبُ	١٤
15	to love, like	أَحَبَّ يُحِبُّ إِحْبَابٌ، حُبٌّ	١٥
16	to need	احْتَاجَ يَحْتَاجُ احْتِيَاجٌ إِلَى	١٦
17	to celebrate	احْتَفَلَ يَحْتَفِلُ احْتِفَالٌ ب	١٧
18	to contain	احْتَوَى يَحْتَوِي احْتِوَاءٌ على	١٨
19	one, someone	أَحَدٌ	١٩
20	one (of)	إِحْدَى	٢٠
21	statistics	إِحْصَاءَاتٌ	٢١

22	sometimes	أَحْيَاناً	٢٢
23	brother	أَخٌ إِخْوَةٌ، إِخْوَانٌ	٢٣
24	sister	أُخْتٌ أَخَوَاتٌ	٢٤
25	to take	أَخَذَ يَأْخُذُ أَخْذٌ	٢٥
26	other, m.	آخَرُ آخَرُونَ	٢٦
27	other, f.	أُخْرَى أُخْرَيَاتٌ	٢٧
28	March	آذَارُ	٢٨
29	ear	أُذُنٌ آذَانٌ	٢٩
30	to want	أَرَادَ يُرِيدُ إِرَادَةٌ	٣٠
31	to show	أَرَى يُرِي إِرَاءٌ	٣١
32	four	أَرْبَعَةٌ، أَرْبَعٌ	٣٢
33	forty	أَرْبَعُونَ	٣٣
34	to rise high	ارْتَفَعَ يَرْتَفِعُ ارْتِفَاعٌ	٣٤
35	elevation, height	ارْتِفَاعٌ	٣٥
36	to send	أَرْسَلَ يُرْسِلُ إِرْسَالٌ	٣٦
37	earth	أَرْضٌ أَرَاضِي، أَرَاضٍ	٣٧
38	blue	أَزْرَقُ	٣٨
39	week	أُسْبُوعٌ أَسَابِيعُ	٣٩
40	to resume	اسْتَأْنَفَ يَسْتَأْنِفُ اسْتِئْنَافٌ	٤٠
41	to exclude, discard	اسْتَبْعَدَ يَسْتَبْعِدُ اسْتِبْعَادٌ	٤١
42	to find good	اسْتَحْسَنَ يَسْتَحْسِنُ اسْتِحْسَانٌ	٤٢
43	to take a bath	اسْتَحَمَّ يَسْتَحِمُّ اسْتِحْمَامٌ	٤٣

44	to find cheap	اسْتَرْخَصَ يَسْتَرْخِصُ اسْتِرْخَاصٌ	٤٤
45	to find easy	اسْتَسْهَلَ يَسْتَسْهِلُ اسْتِسْهَالٌ	٤٥
46	to find small, little	اسْتَصْغَرَ يَسْتَصْغِرُ اسْتِصْغَارٌ	٤٦
47	to be able	اسْتَطَاعَ يَسْتَطِيعُ اسْتِطَاعَةٌ	٤٧
48	to take (time)	اسْتَغْرَقَ يَسْتَغْرِقُ اسْتِغْرَاقٌ	٤٨
49	to find expensive	اسْتَغْلَى يَسْتَغْلِي اسْتِغْلَاءٌ	٤٩
50	to welcome	اسْتَقْبَلَ يَسْتَقْبِلُ اسْتِقْبَالٌ	٥٠
51	to find short	اسْتَقْصَرَ يَسْتَقْصِرُ اسْتِقْصَارٌ	٥١
52	to listen	اسْتَمَعَ يَسْتَمِعُ اسْتِمَاعٌ	٥٢
53	family	أُسْرَةٌ أُسَرٌ	٥٣
54	name	إِسْمٌ أَسْمَاءٌ	٥٤
55	brown	أَسْمَرُ سُمْرٌ	٥٥
56	black	أَسْوَدُ سُودٌ	٥٦
57	to buy	اشْتَرَى يَشْتَرِي اشْتِرَاءٌ	٥٧
58	to make a mistake	أَخْطَأَ يُخْطِئُ إِخْطَاءٌ	٥٨
59	to give	أَعْطَى يُعْطِي إِعْطَاءٌ	٥٩
60	to close, shut	أَغْلَقَ يُغْلِقُ إِغْلَاقٌ	٦٠
61	to reside	أَقَامَ يُقِيمُ إِقَامَةٌ	٦١
62	to eat	أَكَلَ يَأْكُلُ أَكْلٌ	٦٢
63	eating	أَكْلٌ	٦٣
64	to finish, complete	أَكْمَلَ يُكْمِلُ إِكْمَالٌ	٦٤
65	now	اَلْآنَ	٦٥

66	to join	الْتَحَقَ يَلْتَحِقُ الْتِحَاقٌ ب	٦٦
67	who, f.s. relative pr.	الَّتي	٦٧
68	who, m.s. relative pr.	الَّذي	٦٨
69	who, m.pl. relative pr.	الَّذينَ	٦٩
70	thousand	أَلْفٌ آلافٌ	٧٠
71	to	إِلَى	٧١
72	today	اَلْيَوْمَ	٧٢
73	mother	أُمٌّ أُمَّهَاتٌ	٧٣
74	or	أَمْ	٧٤
75	in front of	أَمَامَ	٧٥
76	America	أَمريكَا	٧٦
77	yesterday	أَمْسَ	٧٧
78	to be possible	أَمْكَنَ يُمْكِنُ إِمْكَانٌ	٧٨
79	to hope	أمَلَ يَأْمُلُ أمَلٌ	٧٩
80	hope	أَمَلٌ	٨٠
81	I	أَنَا	٨١
82	you, m.s.	أَنْتَ	٨٢
83	you, f.s.	أَنْتِ	٨٣
84	waiting	انْتِظَارٌ	٨٤
85	to wait	انْتَظَرَ يَنْتَظِرُ انْتِظَارٌ	٨٥
86	you, m.pl	أَنْتُمْ	٨٦
87	you, d.	أَنْتُمَا	٨٧

88	you, f.pl.	أَنْتُنَّ	٨٨
89	to finish	انْتَهَى يَنْتَهِي انْتِهَاءٌ مِنْ	٨٩
90	lack, absence of	انْعِدَامٌ	٩٠
91	to decrease	انْخَفَضَ يَنْخَفِضُ انْخِفَاضٌ	٩١
92	nose	أَنْفٌ آنَافٌ، أُنُوفٌ	٩٢
93	or	أَوْ	٩٣
94	Europe	أُورُوبَا	٩٤
95	middle, center	أَوْسَطُ	٩٥
96	day before yesterday	أَوَّلَ أَمْسِ	٩٦
97	those	أُولَئِكَ	٩٧
98	which	أَيٌّ	٩٨
99	May	أَيَّارُ	٩٩
100	also	أَيْضاً	١٠٠
101	September	أَيْلُولُ	١٠١
102	where	أَيْنَ	١٠٢
		ب	١٠٣
103	with	بِ	
104	steamship	بَاخِرَةٌ بَوَاخِرُ	١٠٤
105	cold, adj.	بَارِدٌ	١٠٥
106	to sell	بَاعَ يَبِيعُ بَيْعٌ	١٠٦
107	slowly	بِبُطْءٍ	١٠٧
108	door	بَابٌ أَبْوَابٌ	١٠٨

109	to start, begin	بَدَأَ يَبْدَأُ بَدْءٌ	١٠٩
110	to seem	بَدَا يَبْدُو بُدُوٌّ	١١٠
111	without	بِدُون	١١١
112	refrigerator	بَرَّادٌ	١١٢
113	cold, n.	بَرْدٌ	١١٣
114	in the company of	بِرُفْقَةِ	١١٤
115	mail	بَرِيدٌ	١١٥
116	quickly, fast	بِسُرْعَةٍ	١١٦
117	easily	بِسُهُولَةٍ	١١٧
118	with difficulty	بِصُعُوبَةٍ	١١٨
119	merchandise	بِضَاعَةٌ	١١٩
120	a few	بِضْعُ، بِضْعَةٌ	١٢٠
121	fluently	بِطَلَاقَةٍ	١٢١
122	slow	بَطِيءٌ	١٢٢
123	in other words	بِعِبَارَةٍ أُخْرَى	١٢٣
124	to send	بَعَثَ يَبْعَثُ بَعْثٌ هـ، ب	١٢٤
125	to be far, distant	بَعُدَ يَبْعُدُ بُعْدٌ	١٢٥
126	after	بَعْدَ	١٢٦
127	still	بَعْدُ	١٢٧
128	some	بَعْضٌ	١٢٨
129	far, distant	بَعِيدٌ	١٢٩
130	greengrocer	بَقَّالٌ	١٣٠

131	to remain, stay	بَقِيَ يَبْقَى بَقَاءٌ	١٣١
132	country	بَلَدٌ بُلْدَانٌ	١٣٢
133	alone	بِمُفْرَدِي	١٣٣
134	girl	بِنْتٌ بَنَاتٌ	١٣٤
135	violet (color)	بَنَفْسَجِيٌّ	١٣٥
136	by means of	بِوَاسِطَةِ	١٣٦
137	clearly	بِوُضُوحٍ	١٣٧
138	white, f.	بَيْضَاءُ	١٣٨
139	between	بَيْنَ	١٣٩

ت

140	to follow	تَابَعَ يُتَابِعُ مُتَابَعَةٌ	١٤٠
141	merchant, trader	تَاجِرٌ تُجَّارٌ	١٤١
142	history, date	تَارِيخٌ	١٤٢
143	visa	تَأْشِيرَةٌ تَأْشِيرَاتٌ	١٤٣
144	those, f.d.	تَانِكَ	١٤٤
145	to adopt	تَبَنَّى يَتَبَنَّى تَبَنٍّ	١٤٥
146	to exceed	تَجَاوَزَ يَتَجَاوَزُ تَجَاوُزٌ	١٤٦
147	to go out for a walk	تَجَوَّلَ يَتَجَوَّلُ تَجَوُّلٌ	١٤٧
148	to remember	تَذَكَّرَ يَتَذَكَّرُ تَذَكُّرٌ	١٤٨
149	ticket	تَذْكِرَةٌ تَذَاكِرُ	١٤٩
150	to leave, to let be	تَرَكَ يَتْرُكُ تَرْكٌ	١٥٠
151	nine	تِسْعَةٌ، تِسْعُ	١٥١

152	October	تشْرِينُ الْأَوَّلُ	١٥٢
153	to become tired	تَعِبَ يَتْعَبُ تَعبٌ	١٥٣
154	fatigue	تَعَبٌ	١٥٤
155	to have supper	تَعَشَّى يَتَعَشَّى تَعَشٍّ	١٥٥
156	to learn	تَعَلَّمَ يَتعَلَّمُ تعَلُّمٌ	١٥٦
157	to have lunch	تَغَدَّى يَتغَدَّى تَغَدٍّ	١٥٧
158	to meet with	تَقَابَلَ يَتَقَابَلُ تَقَابُلٌ	١٥٨
159	almost	تَقْرِيباً	١٥٩
160	to change	تَقَلَّبَ يَتَقَلَّبُ تَقَلُّبٌ	١٦٠
161	to speak	تَكَلَّمَ يَتَكَلَّمُ تَكَلُّمٌ	١٦١
162	pupil, m.	تِلْمِيذٌ تَلَامِيذُ	١٦٢
163	pupil, f.	تِلْمِيذَةٌ تِلْمِيذَاتٌ	١٦٣
164	to be able	تَمَكَّنَ يَتَمَكَّنُ تَمَكُّنٌ مِنْ	١٦٤
165	to wish	تَمَنَّى يَتَمَنَّى تَمَنٍّ	١٦٥
166	July	تَمُّوزُ	١٦٦
167	to have (a meal)	تَنَاوَلَ يَتَنَاوَلُ تَنَاوُلٌ	١٦٧
168	to breathe	تَنَفَّسَ يَتَنَفَّسُ تَنَفُّسٌ	١٦٨
169	to stop	تَوَقَّفَ يَتَوَقَّفُ تَوَقُّفٌ	١٦٩
170	to stop, abstain	تَوَقَّفَ يَتَوَقَّفُ تَوَقُّفٌ عن	١٧٠

ث

171	three o'clock	اَلثَّالِثَةُ (اَلسَّاعَةُ)	١٧١
172	eight o'clock	اَلثَّامِنَة (اَلسَّاعَةُ)	١٧٢

173	two o'clock	اَلثَّانِيَةُ (اَلسَّاعَةُ)	١٧٣
174	twelve o'clock	اَلثَّانِيَةَ عَشْرَةَ اَلسَّاعَةُ)	١٧٤
175	three	ثَلاثَةٌ، ثَلاثٌ	١٧٥
176	snow	ثَلْجٌ	١٧٦
177	eighty	ثَمَانُونَ	١٧٧
178	value, price	ثَمَنٌ	١٧٨
		ج	
179	to come	جَاءَ يَجِيءُ مَجِيءٌ	١٧٩
180	university	جَامِعَةٌ جَامِعَاتٌ	١٨٠
181	grandfather	جَدٌّ أَجْدَادٌ	١٨١
182	very	جِدّاً	١٨٢
183	new	جَدِيدٌ جُدُدٌ	١٨٣
184	butcher	جَزَّارٌ جَزَّارُونَ	١٨٤
185	to sit down	جَلَسَ يَجْلِسُ جُلُوسٌ	١٨٥
186	customs	جَمَارِكُ	١٨٦
187	addition	جَمْعٌ	١٨٧
188	beautiful, pretty	جَمِيلٌ	١٨٨
189	nationality	جِنْسِيَّةٌ جِنْسِيَّاتٌ	١٨٩
190	south	جَنُوبٌ	١٩٠
191	weather	جَوٌّ أَجْوَاءٌ	١٩١
192	passport	جَوَازُ سَفَرٍ جَوَازَاتُ سَفَرٍ	١٩٢
193	good	جَيِّدٌ	١٩٣

194	well	جَيِّداً	١٩٤
		ح	
195	need	حَاجَةٌ حَاجَاتٌ	١٩٥
196	eleven o'clock	الحَادِيَةَ عَشْرَةَ (اَلسَّاعَةُ)	١٩٦
197	hot	حَارٌّ	١٩٧
198	June	حَزِيرَانُ	١٩٨
199	bus	حَافِلَةٌ حَافِلاتٌ	١٩٩
200	volume	حَجْمٌ أَحْجَامٌ	٢٠٠
201	borders	حُدُودٌ	٢٠١
202	garden, park	حَدِيقَةٌ حَدَائِقُ	٢٠٢
203	grandchild	حَفِيدٌ أَحْفَادٌ	٢٠٣
204	right, truth	حَقٌّ حُقُوقٌ	٢٠٤
205	really	حَقّاً	٢٠٥
206	barber	حَلَّاقٌ حَلَّاقُونَ	٢٠٦
207	milk	حَلِيبٌ	٢٠٧
208	red, f.	حَمْرَاءُ حُمْرٌ	٢٠٨
209	around, about	حَوَالَيْ	٢٠٩
210	basin	حَوْضٌ أَحْوَاضٌ	٢١٠
211	swimming pool	حَوْضُ السِّبَاحَةِ	٢١١
212	around	حَوْلَ	٢١٢
213	where	حَيْثُ	٢١٣

خ

214	to fear	خَافَ يَخَافُ خَوْفٌ مِنْ، عَلَى	٢١٤
215	maternal uncle	خَالٌ أَخْوَالٌ	٢١٥
216	five o'clock	اَلْخَامِسَةُ (اَلسَّاعَةُ)	٢١٦
217	bread	خُبْزٌ	٢١٧
218	baker	خَبَّازٌ خَبَّازُونَ	٢١٨
219	to go out	خَرَجَ يَخْرُجُ خُرُوجٌ	٢١٩
220	autumn, fall	خَرِيفٌ	٢٢٠
221	vegetables	خُضَارَةٌ	٢٢١
222	green, f.	خَضْرَاءُ	٢٢٢
223	light (not heavy)	خَفِيفٌ	٢٢٣
224	during	خلالَ	٢٢٤
225	behind	خَلْفَ	٢٢٥
226	five	خَمْسَةٌ، خَمْسٌ	٢٢٦
227	fear	خَوْفٌ	٢٢٧

د

228	always	دائماً	٢٢٨
229	to turn	دَارَ يَدُورُ دَوْرٌ، دَوَرَانٌ	٢٢٩
230	to enter, go in	دَخَلَ يَدْخُلُ دُخُولٌ	٢٣٠
231	to smoke	دَخَّنَ يُدَخِّنُ تَدْخِينٌ	٢٣١
232	degree	دَرَجَةٌ دَرَجَاتٌ	٢٣٢
233	first class	دَرَجَةٌ أُولَى	٢٣٣

234	second class	دَرَجَةٌ ثَانِيَةٌ	٢٣٤
235	to study	دَرَسَ يَدْرُسُ دِرَاسَةٌ	٢٣٥
236	lesson	دَرْسٌ دُرُوسٌ	٢٣٦
237	invitation	دَعْوَةٌ دَعَوَاتٌ	٢٣٧
238	to pay, push	دَفَعَ يَدْفَعُ دَفْعٌ	٢٣٨
239	second	دَقِيقَةٌ دَقَائِقُ	٢٣٩
240	store	دُكَّانٌ دَكَاكِينُ	٢٤٠
241	blood	دَمٌ دِمَاءٌ	٢٤١
242	dollar	دُولارٌ دُولارَاتٌ	٢٤٢
243	on credit	دَيْناً	٢٤٣
		ذ	
244	to taste	ذَاقَ يَذُوقُ ذَوْقٌ	٢٤٤
245	that, m.	ذَلِكَ	٢٤٥
246	round-trip (ticket)	ذَهَاباً وَإِيَاباً	٢٤٦
247	to go	ذَهَبَ يَذْهَبُ ذَهَابٌ	٢٤٧
248	11th lunar month	ذُو الْقَعْدَةِ	٢٤٨
		ر	
249	odor	رَائِحَةٌ رَوَائِحُ	٢٤٩
250	rest	رَاحَةٌ	٢٥٠
251	head	رَأْسٌ رُؤُوسٌ	٢٥١
252	to accompany	رَافَقَ يُرَافِقُ مُرَافَقَةٌ	٢٥٢
253	to see	رَأَى يَرَى رُؤْيَةٌ، رَأْيٌ	٢٥٣

254	quarter	رُبُعُ أَرْبَاعٌ	٢٥٤
255	spring	رَبِيعٌ	٢٥٥
266	4th lunar month	رَبِيعُ الثَّانِي	٢٥٦
257	to return	رَجَعَ يَرْجِعُ رُجُوعٌ	٢٥٧
258	man	رَجُلٌ رِجَالٌ	٢٥٨
259	leg, foot	رِجْلٌ أَرْجُلٌ	٢٥٩
260	cheap	رَخِيصٌ	٢٦٠
261	letter	رِسَالَةٌ رَسَائِلُ	٢٦١
262	pound	رَطْلٌ أَرْطَالٌ	٢٦٢
263	high	رَفِيعٌ	٢٦٣
264	to ride, mount	رَكِبَ يَرْكَبُ رُكُوبٌ هـ، عَلَى	٢٦٤
265	grey	رَمَادِيٌّ	٢٦٥
266	9th lunar month	رَمَضَانُ	٢٦٦
267	countryside	رِيفٌ أَرْيَافٌ	٢٦٧
		ز	
268	in excess, plus (+)	زَائِدٌ	٢٦٨
269	bottle	زُجَاجَةٌ زُجَاجَاتٌ	٢٦٩
270	colleague	زَمِيلٌ زُمَلَاءُ	٢٧٠
271	husband	زَوْجٌ أَزْوَاجٌ	٢٧١
272	wife	زَوْجَةٌ زَوْجَاتٌ	٢٧٢
		س	
273	to ask a question	سَأَلَ يَسْأَلُ سُؤَالٌ	٢٧٣

279

274	six o'clock	اَلسَّادسَةُ (اَلسَّاعَةُ)	٢٧٤
275	hour	سَاعَةٌ سَاعَاتٌ	٢٧٥
276	to travel	سَافَرَيُسَافرُ مُسَافرَةٌ، سَفَرٌ	٢٧٦
277	to drive	سَاقَ يَسُوقُ سَوْقٌ، سِيَاقَةٌ	٢٧٧
278	to be equal	سَاوَى يُسَاوِي مُسَاوَاةٌ	٢٧٨
279	to swim	سَبَحَ يَسْبَحُ سَبْحٌ، سِبَاحَةٌ	٢٧٩
280	swimming	سِبَاحَةٌ	٢٨٠
281	seven	سَبْعَةٌ، سَبْعٌ	٢٨١
282	to precede	سَبَقَ يَسْبُقُ سَبْقٌ	٢٨٢
283	sixty	سِتُّونَ	٢٨٣
284	to gladden, cheer	سَرَّ يَسُرُّ سُرُورٌ	٢٨٤
285	speed	سُرْعَةٌ	٢٨٥
286	price	سِعْرٌ أَسْعَارٌ	٢٨٦
287	happy	سَعِيدٌ سُعَدَاءُ	٢٨٧
288	embassy	سِفَارَةٌ سِفَارَاتٌ	٢٨٨
289	travel	سَفَرٌ أَسْفَارٌ	٢٨٩
290	ship	سَفِينَةٌ سُفُنٌ	٢٩٠
291	sugar	سُكَّرٌ	٢٩١
292	to dwell in, inhabit	سَكَنَ يَسْكُنُ سَكَنٌ	٢٩٢
293	sky	سَمَاءٌ سَمَاوَاتٌ	٢٩٣
294	to permit, allow	سَمَحَ يَسْمَحُ سَمَاحٌ ب	٢٩٤
295	to hear	سَمِعَ يَسْمَعُ سَمْعٌ	٢٩٥

296	year	سَنَةٌ سِنُونَ، سَنَوَاتٌ	٢٩٦
297	easy	سَهْلٌ	٢٩٧
298	question	سُؤَالٌ أَسْئِلَةٌ	٢٩٨
299	malnutrition	سُوءُ التَّغْذِيَة	٢٩٩
300	car	سَيَّارَةٌ سَيَّارَاتٌ	٣٠٠
301	black, f.	سَوْدَاءُ سُودٌ	٣٠١
302	master, Mister	سَيِّدٌ سَادَةٌ، سَادَاتٌ، أَسْيَادٌ	٣٠٢
303	lady, mistress	سَيِّدَةٌ سَيِّدَاتٌ	٣٠٣
304	cigarette	سِيكَارَةٌ سَكَائِرُ	٣٠٤
305	cinema	سِينَمَا	٣٠٥
		ش	
306	young man	شَابٌّ شُبَّانٌ، شَبَابٌ	٣٠٦
307	truck, lorry	شَاحِنَةٌ شَاحِنَاتٌ	٣٠٧
328	tea	شَايٌ	٣٠٨
309	street	شَارِعٌ شَوَارِعُ	٣٠٩
210	February	شُبَاطُ	٣١٠
311	window	شُبَّاكٌ شَبَابِيكُ	٣١١
312	ticket window	شُبَّاكُ التَّذَاكِرِ	٣١٢
313	to eat one's fill	شَبِعَ يَشْبَعُ شَبَعٌ	٣١٣
314	sated, satisfied, m.	شَبْعَانُ	٣١٤
315	sated, satisfied, f.	شَبْعَى	٣١٥
316	winter	شِتَاءٌ	٣١٦

317	personally	شَخْصِيّاً	٣١٧
318	purchase, buying	شِرَاءٌ	٣١٨
319	to drink	شَرِبَ َشْرَبُ شُرْبٌ	٣١٩
320	East	شَرْقٌ	٣٢٠
321	Middle East	اَلشَّرْقُ الْأَوْسَطُ	٣٢١
322	Eastern, Oriental	شَرْقِيٌّ	٣٢٢
323	to feel, sense	شَعَرَ يَشْعُرُ شُعُورٌ ب	٣٢٣
324	apartment	شَقَّةٌ شِقَقٌ	٣٢٤
325	blond, f.	شَقْرَاءُ شُقْرٌ	٣٢٥
326	to thank	شَكَرَ يَشْكُرُ شُكْرٌ هـ، على	٣٢٦
327	shape, form	شَكْلٌ أَشْكَالٌ	٣٢٧
328	to smell	شَمَّ يَشَمُّ شَمٌّ	٣٢٨
329	North	شَمَالٌ	٣٢٩
330	left	شِمَالٌ	٣٣٠
331	sun	شَمْسٌ	٣٣١
332	solar	شَمْسِيٌّ	٣٣٢
333	month	شَهْرٌ شُهُورٌ، أَشْهُرٌ	٣٣٣
334	thing	شَيْءٌ أَشْيَاءُ	٣٣٤

ص

335	good, valid	صَالِحٌ	٣٣٥
336	morning	صَبَاحٌ	٣٣٦
337	boy, lad	صَبِيٌّ صِبْيَةٌ، صِبْيَانٌ	٣٣٧

338	health	صِحَّةٌ	٣٣٨
339	healthy, salubrious	صِحِّيٌّ	٣٣٩
340	to find credible	صَدَّقَ يُصَدِّقُ تَصْدِيقٌ	٣٤٠
341	friend, m.	صَدِيقٌ أَصْدِقَاءُ	٣٤١
342	difficult	صَعْبٌ	٣٤٢
343	small, little	صَغِيرٌ صِغَارٌ	٣٤٣
344	2nd lunar month	صَفَرٌ	٣٤٤
345	yellow, f.	صَفْرَاءُ صُفْرٌ	٣٤٥
346	summer	صَيْفٌ	٣٤٦
		ض	
347	suburb	ضَاحِيَةٌ ضَوَاحِي	٣٤٧
348	laugh	ضَحِكَ يَضْحَكُ ضَحِكٌ من،على	٣٤٨
349	multiplication	ضَرْبٌ	٣٤٩
350	necessary	ضَرُورِيٌّ	٣٥٠
		ط	
351	airplane	طَائِرَةٌ طَائِرَاتٌ	٣٥١
352	postage stamp	طَابَعُ بَرِيدٍ	٣٥٢
353	floor	طَابَقٌ طَوَابِقُ	٣٥٣
354	student	طَالِبٌ طُلَّابٌ	٣٥٤
355	table	طَاوِلَةٌ طَاوِلَاتٌ	٣٥٥
356	doctor, physician	طَبِيبٌ أَطِبَّاءُ	٣٥٦
357	nature	طَبِيعَةٌ	٣٥٧

358	subtraction	طَرْحٌ	٣٥٨
359	road	طَرِيقٌ طُرُقٌ	٣٥٩
360	supper, dinner	طَعَامُ الْعَشَاءِ	٣٦٠
361	lunch	طَعَامُ الْغَدَاءِ	٣٦١
362	breakfast	طَعَامُ الْفَطُورِ	٣٦٢
363	weather	طَقْسٌ	٣٦٣
364	to rise, ascend	طَلَعَ يَطْلُعُ طُلُوعٌ	٣٦٤
365	sunrise	طُلُوعُ الشَّمْسِ	٣٦٥
366	length	طُولٌ	٣٦٦
367	long	طَوِيلٌ	٣٦٧
368	a long time	طَوِيلاً	٣٦٨
		ظ	
369	to think, believe	ظَنَّ يَظُنُّ ظَنٌّ	٣٦٩
370	noon, midday	ظُهْرٌ	٣٧٠
		ع	
371	to return	عَادَ يَعُودُ عَوْدٌ، عَوْدَةٌ	٣٧١
372	usually	عَادَةً	٣٧٢
373	to be equal, equivalent	عَادَلَ يُعَادِلُ مُعَادَلَةٌ	٣٧٣
374	single, unmarried	عَازِبٌ عُزَّابٌ	٣٧٤
375	to live	عَاشَ يَعِيشُ عَيْشٌ، مَعِيشَةٌ	٣٧٥
376	ten o'clock	اَلْعَاشِرَةُ (اَلسَّاعَةُ)	٣٧٦
377	capital city	عَاصِمَةٌ عَوَاصِمُ	٣٧٧

378	generally	عَامَّةً	٣٧٨
379	expression	عِبَارَةٌ عِبَارَاتٌ	٣٧٩
380	to cross	عَبَرَ يَعْبُرُ عُبُورٌ	٣٨٠
381	counter, meter	عَدَّادٌ عَدَّادَاتٌ	٣٨١
382	Arab	عَرَبِيٌّ	٣٨٢
383	Arabic (language)	اَلْعَرَبِيَّةُ (اَللُّغَةُ)	٣٨٣
384	to know	عَرَفَ يَعْرِفُ عِرْفَانٌ، مَعْرِفَةٌ	٨٣٤
385	width	عَرْضٌ أَعْرَاضٌ	٣٨٥
386	ten	عَشَرَةٌ، عَشْرٌ	٣٨٦
387	juice	عَصِيرٌ	٣٨٧
388	vacation, holiday	عُطْلَةٌ عُطُلَاتٌ	٣٨٨
389	decade, contract	عَقْدٌ عُقُودٌ	٣٨٩
390	to reflect	عَكَسَ يَعْكِسُ عَكْسٌ	٣٩٠
391	contrary, opposite	عَكْسٌ	٣٩١
392	mark, sign	عَلَامَةٌ عَلَامَاتٌ	٣٩٢
393	to know	عَلِمَ يَعْلَمُ عِلْمٌ	٣٩٣
394	on	عَلَى	٣٩٤
395	at the latest	عَلَى أَبْعَدِ تَقْدِيرٍ	٣٩٥
396	at the earliest	عَلَى أَقْرَبِ تَقْدِيرٍ	٣٩٦
397	on the contrary	عَلَى الْعَكْسِ	٣٩٧
398	paternal uncle	عَمٌّ أَعْمَامٌ	٣٩٨
399	building	عِمَارَةٌ عِمَارَاتٌ	٣٩٩

400	age	عُمْرٌ أَعْمَارٌ	٤٠٠
401	depth	عُمْقٌ أَعْمَاقٌ	٤٠١
402	to work	عَمِلَ يَعْمَلُ عَمَلٌ	٤٠٢
403	work	عَمَلٌ أَعْمَالٌ	٤٠٣
404	about, on	عَنْ	٤٠٤
405	at	عِنْدَ	٤٠٥
406	when, as	عِنْدَمَا	٤٠٦
407	address	عُنْوَانٌ عَنَاوِينُ	٤٠٧
408	eye	عَيْنٌ عُيُونٌ، أَعْيُنٌ	٤٠٨
		غ	
409	to leave	غَادَرَ يُغَادِرُ مُغَادَرَةٌ	٤٠٩
410	expensive	غَالٍ	٤١٠
411	tomorrow	غَداً	٤١١
412	to set (sun)	غَرَبَ يَغْرُبُ غُرُوبٌ	٤١٢
413	West	غَرْبٌ	٤١٣
414	sunset	غُرُوبُ الشَّمْسِ	٤١٤
415	to wash	غَسَلَ يَغْسِلُ غَسْلٌ	٤١٥
416	not valid, cancelled	غَيْرُ صَالِحٍ	٤١٦
417	illegal	غَيْرُ قَانُونِيٍّ	٤١٧
418	impossible	غَيْرُ مُمْكِنٍ	٤١٨
419	unrealistic	غَيْرُ وَاقِعِيٍّ	٤١٩
420	to change	غَيَّرَ يُغَيِّرُ تَغْيِيرٌ	٤٢٠

ف

421	to pass, be over	فَاتَ يَفُوتُ فَوَاتٌ	٤٢١
422	I missed the train	فَاتَنِي الْقِطَارُ	٤٢٢
423	fruit	فَاكِهَةٌ فَوَاكِهُ	٤٢٣
424	bed, mattress	فِرَاشٌ فُرُشٌ، أَفْرِشَةٌ	٤٢٤
425	frank	فَرَنْكٌ فَرَنْكَاتٌ	٤٢٥
426	to do	فَعَلَ يَفْعَلُ فِعْلٌ	٤٢٦
427	in	فِي	٤٢٧
428	nowadays	فِي أَيَّامِنَا	٤٢٨
429	on time	فِي الْوَقْتِ	٤٢٩
430	anywhere	فِي أَيِّ مَكَانٍ	٤٣٠
431	young lady	فَتَاةٌ فَتَيَاتٌ	٤٣١
432	to open	فَتَحَ يَفْتَحُ فَتْحٌ	٤٣٢
433	to lose	فَقَدَ يَفْقِدُ فَقْدٌ، فُقْدَانٌ	٤٣٣
434	only	فَقَطْ	٤٣٤
435	dress	فُسْتَانٌ فَسَاتِينُ	٤٣٥
436	class, season	فَصْلٌ فُصُولٌ	٤٣٦
437	to prefer	فَضَّلَ يُفَضِّلُ تَفْضِيلٌ هـ على	٤٣٧
438	cup	فِنْجَانٌ فَنَاجِينُ	٤٣٨
439	to understand	فَهِمَ يَفْهَمُ فَهْمٌ	٤٣٩

ق

440	coming, next	قَادِمٌ	٤٤٠

441	to measure	قَاسَ يَقِيسُ قِيَاسٌ، قَيْسٌ	٤٤١
442	waiting room	قَاعَةُ الانْتِظَار	٤٤٢
443	to say, tell	قَالَ يَقُولُ قَوْلٌ	٤٤٣
444	to stand up	قَامَ يَقُومُ قِيَامٌ	٤٤٤
445	to undertake	قَامَ يَقُومُ قِيَامٌ بِ	٤٤٥
446	to get up (from sleep)	قَامَ مِنَ النَّوْمِ	٤٤٦
447	legal	قَانُونِيٌّ	٤٤٧
448	to accept	قَبِلَ يَقْبَلُ قُبُولٌ	٤٤٨
449	before	قَبْلَ	٤٤٩
450	to estimate	قَدَّرَ يُقَدِّرُ تَقْدِيرٌ	٤٥٠
451	foot, leg	قَدَمٌ أَقْدَامٌ	٤٥١
452	to introduce	قَدَّمَ يُقَدِّمُ تَقْدِيمٌ	٤٥٢
453	old, ancient	قَدِيمٌ	٤٥٣
454	to read	قَرَأَ يَقْرَأُ قِرَاءَةٌ	٤٥٤
455	reading	قِرَاءَةٌ	٤٥٥
456	near, close	قُرْبَ	٤٥٦
457	century	قَرْنٌ قُرُونٌ	٤٥٧
458	near, close, adj.	قَرِيبٌ	٤٥٨
459	division	قِسْمَةٌ	٤٥٩
460	short	قَصِيرٌ قِصَارٌ	٤٦٠
461	train	قِطَارٌ قِطَارَاتٌ	٤٦١
462	piece	قِطْعَةٌ قِطَعٌ	٤٦٢

463	to cut	قَطَعَ يَقْطَعُ قَطْعٌ	٤٦٣
464	to buy a ticket	قَطَعَ تَذْكِرَةً	٤٦٤
465	pen, pencil	قَلَمٌ أَقْلامٌ	٤٦٥
466	a little	قَليلاً	٤٦٦
467	moon	قَمَرٌ	٤٦٧
468	lunar	قَمَرِيٌّ	٤٦٨
469	shirt	قَميصٌ أَقْمِصَةٌ	٤٦٩
470	consulate	قُنْصُلِيَّةٌ قُنْصُلِيَّاتٌ	٤٧٠
471	coffee	قَهْوَةٌ	٤٧١
472	purchasing power	قُوَّةٌ شِرائِيَّةٌ	٤٧٢
473		ك	٤٧٣
474	secretary, writer, m.	كَاتِبٌ كُتَّابٌ	٤٧٤
475	secretary, writer, f.	كَاتِبَةٌ كَاتِبَاتٌ	٤٧٥
476	sufficient	كَاف	٤٧٦
477	to measure (capacity)	كَالَ يَكِيلُ كَيْلٌ	٤٧٧
478	to be	كَانَ يَكُونُ كَوْنٌ	٤٧٨
479	as if	كَأَنَّ	٤٧٩
480	December	كَانُونُ الْأَوَّلُ	٤٨٠
481	big, large	كَبِيرٌ كِبَارٌ	٤٨١
482	to write	كَتَبَ يَكْتُبُ كِتَابَةٌ	٤٨٢
483	book	كِتَابٌ كُتُبٌ	٤٨٣
484	much	كَثِيراً	٤٨٤

485	chair	كُرْسِيٌّ كَرَاسٍ	٤٨٥
486	spherical, round	كُرَوِيٌّ	٤٨٦
487	all, entire	كُلٌّ	٤٨٧
488	dog	كَلْبٌ كِلَابٌ	٤٨٨
498	how many	كَمْ	٤٨٩
490	as, like	كَمَا	٤٩٠
591	quality	كَمِّيَّةٌ كَمِّيَّاتٌ	٤٩١
492	sofa	كَنَبَةٌ كَنَبَاتٌ	٤٩٢
493	how	كَيْفَ	٤٩٣
494	kilometer	كِيلُومِتْرٌ كِيلُومِتْرَاتٌ	٤٩٤

ل

495	for, to	لِ	٤٩٥
496	no, not	لَا	٤٩٦
497	to be still, continue	لَا يَزَالُ	٤٩٧
498	because	لِأَنَّ	٤٩٨
499	milk	لَبَنٌ أَلْبَانٌ	٤٩٩
500	liter	لِتْرٌ لِتْرَاتٌ	٥٠٠
501	instant	لَحْظَةٌ لَحَظَاتٌ	٥٠١
502	meat	لَحْمٌ لُحُومٌ	٥٠٢
503	I have enough time	لَدَيَّ مُتَّسَعٌ مِنَ الْوَقْتِ	٥٠٣
504	tongue	لِسَانٌ أَلْسِنَةٌ	٥٠٤
505	kind (quality)	لَطِيفٌ لُطَفَاءُ	٥٠٥

290

506	to play	لَعبَ يَلْعَبُ لَعِبٌ	٥٠٦
507	language	لُغَةٌ لُغَاتٌ	٥٠٧
508	but	لَكِنَّ	٥٠٨
509	in order to	لِكَيْ	٥٠٩
510	why	لِمَاذَا	٥١٠
511	to touch	لَمَسَ يَلْمِسُ لَمْسٌ	٥١١
512	if	لَوْ	٥١٢
513	alone, by himself	لوَحْده	٥١٣
514	color	لَوْنٌ أَلْوَانٌ	٥١٤
515	not to be	لَيْسَ	٥١٥
516	night	لَيْلٌ لَيَالٍ	٥١٦

م

517	what	مَا	٥١٧
518	hundred	مائَةٌ	٥١٨
519	water	مَاءٌ	٥١٩
520	what?	مَاذَا	٥٢٠
521	to be still, continue	مَا زَالَ	٥٢١
522	past (time)	مَاضي	٥٢٢
523	in principle	مَبْدَئيّاً	٥٢٣
524	early, adj.	مُبَكِّرٌ	٥٢٤
525	early, adv.	مُبَكِّراً	٥٢٥
526	amount	مَبْلَغٌ مَبَالِغُ	٥٢٦

527	late	مُتَأَخِّرٌ	٥٢٧
528	meter	مِتْرٌ أَمْتَارٌ	٥٢٨
529	humble	مُتَوَاضِعٌ	٥٢٩
530	married	مُتَزَوِّجٌ مُتَزَوِّجُونَ	٥٣٠
531	medium	مُتَوَسِّطٌ	٥٣١
532	when	مَتَى	٥٣٢
533	similar, like	مِثْلَ	٥٣٣
534	total	مَجْمُوعٌ	٥٣٤
535	reserved	مَحْجُوزٌ	٥٣٥
536	station	مَحَطَّةٌ مَحَطَّاتٌ	٤٣٦
537	period	مُدَّةٌ مُدَدٌ	٥٣٧
538	school	مَدْرَسَةٌ مَدَارِسُ	٥٣٨
539	city	مَدِينَةٌ مُدُنٌ	٥٣٩
540	square	مُرَبَّعٌ مُرَبَّعَاتٌ	٥٤٠
541	once	مَرَّةً	٥٤١
542	illness, sickness	مَرَضٌ أَمْرَاضٌ	٥٤٢
543	Mars	مِرِّيخٌ	٥٤٣
544	sick, ill	مَرِيضٌ مَرْضَى	٥٤٤
545	distance	مَسَافَةٌ مَسَافَاتٌ	٥٤٥
546	hospital	مُسْتَشْفَى مُسْتَشْفَيَاتٌ	٥٤٦
547	rectangle	مُسْتَطِيلٌ مُسْتَطِيلاتٌ	٥٤٧
458	in a hurry	مُسْتَعْجِلٌ مُسْتَعْجِلُونَ	٥٤٨

549	standard of living	مُسْتَوَى الْمَعِيشَةَ	٥٤٩
550	pleased	مَسْرُورٌ مَسْرُورُونَ	٥٥٠
551	flat	مُسَطَّحٌ	٥٥١
552	Muslim	مُسْلِمٌ مُسْلِمُونَ	٥٥٢
553	Christian	مَسِيحِيٌّ مَسِيحِيُّونَ	٥٥٣
554	busy	مَشْغُولٌ مَشْغُولُونَ	٥٥٤
555	to walk	مَشَى يَمْشِي مَشْيٌ	٥٥٥
556	multiplied by	مَضْرُوبٌ فِي	٥٥٦
557	obliged	مُضْطَرٌّ إِلَى	٥٥٧
558	rain	مَطَرٌ أَمْطَارٌ	٥٥٨
559	restaurant	مَطْعَمٌ مَطَاعِمُ	٥٥٩
560	with	مَعَ	٥٦٠
561	knowledge	مَعْرِفَةٌ مَعَارِفُ	٥٦١
562	life, living	مَعِيشَةٌ	٥٦٢
563	open	مَفْتُوحٌ	٥٦٣
564	divided by	مَقْسُومٌ عَلَى	٥٦٤
565	temperate, moderate	مُعْتَدِلٌ	٥٦٥
566	teacher, m.	مُعَلِّمٌ مُعَلِّمُونَ	٥٦٦
567	teacher, f.	مُعَلِّمَةٌ مُعَلِّمَاتٌ	٥٦٧
568	closed	مُغْلَقٌ	٥٦٨
569	key	مِفْتَاحٌ مَفَاتِيحُ	٥٦٩
570	seat	مَقْعَدٌ مَقَاعِدُ	٥٧٠

571	empty seat	مَقْعَدٌ شَاغِرٌ	٥٧١
572	measure	مِقْيَاسٌ مَقَايِيسُ	٥٧٢
573	place	مَكَانٌ أَمْكِنَةٌ	٥٧٣
574	office	مَكْتَبٌ مَكَاتِبُ	٥٧٤
575	post office	مَكْتَبُ الْبَرِيدِ	٥٧٥
576	library, bookstore	مَكْتَبَةٌ مَكْتَبَاتٌ	٥٧٦
577	possible	مُمْكِنٌ	٥٧٧
578	who	مَنْ	٥٧٨
579	from	مِنْ	٥٧٩
580	climate	مُنَاخٌ	٥٨٠
581	please	مِنْ فَضْلِكَ	٥٨١
582	midnight	مُنْتَصَفُ اللَّيْلِ	٥٨٢
583	since	مُنْذُ	٥٨٣
584	for a long time	مُنْذُ مُدَّةٍ طَوِيلَةٍ	٥٨٤
585	house	مَنْزِلٌ مَنَازِلُ	٥٨٥
586	refreshing	مُنْعِشٌ	٥٨٦
587	organization	مُنَظَّمَةٌ مُنَظَّمَاتٌ	٥٨٧
588	employee	مُوَظَّفٌ مُوَظَّفُونَ	٥٨٨
589	birthday	مَوْلِدٌ مَوَالِدُ	٥٨٩
590	scale	مِيزَانٌ مَوَازِينُ	٥٩٠
591	mile	مِيلٌ أَمْيَالٌ	٥٩١
592	port	مِينَاءٌ مَوَانِئُ	٥٩٢

ن

593	seldom	نَادراً	٥٩٣
594	to sleep	نَامَ يَنَامُ نَوْمٌ	٥٩٤
595	vegetarian	نَبَاتِيٌّ نَبَاتِيُّونَ	٥٩٥
596	we	نَحْنُ	٥٩٦
597	relation, percentage	نِسْبَةٌ نِسَبٌ	٥٩٧
598	person, inhabitant	نَسَمَةٌ نَسَمَاتٌ	٥٩٨
599	to forget	نَسِيَ يَنْسَى نِسْيَانٌ	٥٩٩
600	textile, material	نَسِيجٌ نُسُجٌ، أَنْسِجَةٌ	٦٠٠
601	half	نِصْفٌ	٦٠١
602	to pronounce	نَطَقَ يَنْطُقُ نُطْقٌ، مَنْطِقٌ	٦٠٢
603	clean	نَظِيفٌ نُظَفَاءُ، نِظَافٌ	٦٠٣
604	sleepy, drowsy, m.	نَعْسَانُ نِعَاسٌ	٦٠٤
605	sleepy, drowsy, f.	نَعْسَى نِعَاسٌ	٦٠٥
606	yes	نَعَمْ	٦٠٦
607	soul, psyche, spirit	نَفْسٌ نُفُوسٌ، أَنْفُسٌ	٦٠٧
608	in cash	نَقْداً	٦٠٨
609	to move away	نَقَلَ يَنْقُلُ نَقْلٌ	٦٠٩
610	money	نُقُودٌ	٦١٠
611	daytime	نَهَارٌ	٦١١
612	river	نَهْرٌ أَنْهَارٌ، أَنْهُرٌ	٦١٢
613	light, n.	نُورٌ أَنْوَارٌ	٦١٣

614	sort, kind	نَوْعٌ أَنْوَاعٌ ٦١٤
615	sleep	نَوْمٌ ٦١٥
616	to intend	نَوَى يَنْوِي نِيَّةٌ ٦١٦
617	April	نِيسَانُ ٦١٧
		هـ
618	these, f.d.	هَاتَانِ ٦١٨
619	telephone	هَاتِفٌ ٦١٩
620	these, m.d.	هَاذَانِ ٦٢٠
621	gift	هَدِيَّةٌ هَدَايَا ٦٢١
622	this, m.	هَذَا ٦٢٢
623	to come, go down	هَبَطَ يَهْبُطُ هُبُوظٌ ٦٢٣
624	these	هَؤُلَاءِ ٦٢٤
625	interrogative particle	هَلْ ٦٢٥
626	do you have any objection	هَلْ تَرَى مَانِعاً مِنْ ٦٢٦
927	here	هُنَا ٦٢٧
928	they, m.pl.	هُمْ ٦٢٨
629	they, f.pl.	هُنَّ ٦٢٩
630	there, there is	هُنَاكَ ٦٣٠
631	he	هُوَ ٦٣١
632	she	هِيَ ٦٣٢
		و
633	one	وَاحِدٌ ٦٣٣

296

634	means	وَاسِطَةٌ وَسَائِطُ	٦٣٤
635	father	وَالِدٌ وَالِدُونَ	٦٣٥
636	one o'clock	اَلْوَاحِدَةُ (اَلسَّاعَةُ)	٦٣٦
637	real	وَاقِعٌ	٦٣٧
638	in reality, actually	فِي الْوَاقِعِ	٦٣٨
639	although	وَإِنْ كَانَ	٦٣٩
640	must	وَجَبَ يَجِبُ وُجُوبٌ عَلَى، أَنْ	٦٤٠
641	meal	وَجْبَةٌ وَجَبَاتٌ	٦٤١
642	to find	وَجَدَ يَجِدُ وُجُودٌ	٦٤٢
643	face	وَجْهٌ وُجُوهٌ، أَوْجُهٌ	٦٤٣
644	solitude, unity	وَحْدَةٌ وَحَدَاتٌ	٦٤٤
645	want, like	وَدَّ يَوَدُّ وُدٌّ، مَوَدَّةٌ	٦٤٥
646	paper	وَرَقٌ أَوْرَاقٌ	٦٤٦
647	sheet of paper, leaf	وَرَقَةٌ أَوْرَاقٌ	٦٤٧
648	to weigh	وَزَنَ يَزِنُ وَزْنٌ	٦٤٨
649	weight	وَزْنٌ أَوْزَانٌ	٦٤٩
650	means of transportation	وَسَائِلُ النَّقْلِ	٦٥٠
651	in the center, middle of	وَسَطَ	٦٥١
652	to arrive	وَصَلَ يَصِلُ وُصُولٌ	٦٥٢
653	function, job	وَظِيفَةٌ وَظَائِفُ	٦٥٣
654	death	وَفَاةٌ وَفَيَاتٌ	٦٥٤
655	time	وَقْتٌ أَوْقَاتٌ	٦٥٥

656	to fall, be located	وَقَعَ يَقَعُ وُقُوعٌ	٦٥٦
657	to stand up	وَقَفَ يَقِفُ وُقُوفٌ	٦٥٧
658	child, boy	وَلَدٌ أَوْلَادٌ	٦٥٨
659	even if	وَلَوْ	٦٥٩

ي

660	hand	يَدٌ أَيَادِي، أَيَادٍ	٦٦٠
661	left	يَسَارٌ	٦٦١
662	right, n.	يَمِينٌ	٦٦٢
663	Jew	يَهُودِيٌّ يَهُودٌ	٦٦٣
664	there is	يُوجَدُ	٦٦٤
665	day	يَوْمٌ أَيَّامٌ	٦٦٥
666	Sunday	يَوْمُ الْأَحَدِ	٦٦٦
667	Monday	يَوْمُ الإِثْنَيْنِ	٦٦٧
668	Tuesday	يَوْمُ الثُّلَاثَاءِ	٦٦٨
669	Wednesday	يَوْمُ الْأَرْبَعَاءِ	٦٦٩
670	Thursday	يَوْمُ الْخَمِيسِ	٦٧٠
671	Friday	يَوْمُ الْجُمُعَةِ	٦٧١
672	Saturday	يَوْمُ السَّبْتِ	٦٧٢

Printed in Great Britain
by Amazon